TRAITÉ

DE

LA VENTE JUDICIAIRE

DES IMMEUBLES EN GÉNÉRAL.

Deux Exemplaires de cet Ouvrage ont été déposés à la Bibliothèque impériale, et pour me garantir, autant que possible, des contrefaçons, chaque Exemplaire sera signé de moi.

Rouquard

TRAITÉ

DE

LA VENTE JUDICIAIRE

DES IMMEUBLES EN GÉNÉRAL,

D'APRÈS LE NOUVEAU CODE DE PROCÉDURE,

CONTENANT

LA SAISIE IMMOBILIÈRE SUR EXPROPRIATION FORCÉE ; LA SURENCHÈRE APRÈS ALIÉNATION VOLONTAIRE ; LA VENTE DES IMMEUBLES, SOIT DE MINEURS OU INTERDITS, SOIT D'HÉRITIERS SOUS BÉNÉFICE D'INVENTAIRE, SOIT DE SUCCESSION VACANTE ; ENFIN, L'ORDRE POUR LA DISTRIBUTION DU PRIX ENTRE CRÉANCIERS ;

Avec des Modèles et Formules de tous les Actes prescrits dans ces sortes de Ventes, par le Code de la Procédure civile ;

PAR P. LEPAGE, Auteur du Nouveau Style de la Procédure civile.

A PARIS,

Chez HACQUART, Imprimeur-Libraire, rue Git-le-Cœur, n° 3.

~~~~~~~~

1806.
~~~~~~~~

AVERTISSEMENT.

L'INTELLIGENCE du Code entier de la Procédure civile est nécessaire à tous les fonctionnaires de l'ordre judiciaire ; mais il est certaines matières qui sont d'une utilité générale : de ce nombre est la vente des immeubles en justice.

Autrefois, tout propriétaire qui vouloit vendre ses immeubles, pouvoit les mettre aux enchères sur publications, à l'audience des criées. Le nouveau Code ne permet plus la voie judiciaire, toutes les fois qu'il s'agit de ventes volontaires, et que ceux à qui les biens appartiennent sont maîtres de leurs droits. On ne peut donc plus

vendre d'immeubles en justice, que
dans les cas prévus par la loi.

Le but de notre travail a été de réu-
nir, sous un seul point de vue, toutes
les sortes de ventes judiciaires d'immeubles, d'en expliquer les formalités, et de donner des exemples pour
chaque acte prescrit par le Code de
la procédure civile.

On sent assez qu'un pareil ouvrage
intéresse non seulement les *juges*, les
greffiers, les *avocats*, les *avoués*, les
huissiers, mais encore les *notaires*, les
agens d'affaires, les *régisseurs*; en un
mot, toutes les personnes qui se mê-
lent, soit pour elles-mêmes, soit pour
les autres, de vendre et d'acheter des
immeubles. Rien ne les intéresse plus
que de bien connoître les voies à suivre

pour qu'une vente ou une acquisition soit régulière ; pour conserver ou ré-clamer des droits sur un immeuble ; pour en distribuer le prix selon le droit de chaque prétendant.

On ne s'est pas borné à donner de simples formules ; il a paru plus utile de proposer un exemple pour chacun des actes de procédure qui est indi-qué ; on y trouve une application plus précise des dispositions de la loi.

Les formes auxquelles on a soumis les modèles d'actes, sont celles seule-ment qu'exige le Code judiciaire ; on n'a point parlé de celles qui sont or-données par les lois bursales, telles que celles du papier timbré, de l'en-registrement, des patentes ; elles sont sujètes à varier, et d'ailleurs elles sont si connues, qu'il étoit inutile de s'en occuper ici; on s'est uniquement proposé d'expliquer les dispositions du Code judiciaire, relativement aux ventes d'immeubles faites en justice, tant par expropriation forcée qu'autrement.

TRAITÉ

DE

LA VENTE JUDICIAIRE

DES IMMEUBLES.

On pouvoit autrefois vendre les immeubles volontairement, soit par actes passés devant notaires, soit aux enchères reçues par le juge à l'audience des criées. Suivant les nouvelles lois, il est défendu à tous ceux qui sont majeurs et maîtres de disposer de leurs droits, de vendre volontairement leurs immeubles en justice, sous peine de nullité. *Cod. jud., art.* 746.

Il n'y a donc lieu à la vente judiciaire des immeubles que quand il s'agit d'expropriation forcée, ou de surenchère sur vente volontaire, ou de biens appartenans à des mineurs et à des interdits, ou de biens indivis entre majeurs qui ne sont pas d'accord pour les partages entre eux, ou de biens dépendans d'une succession vacante ou acceptée sous bénéfice d'inventaire.

On se propose d'expliquer les principes du Code civil, et les formes établies par le Code judiciaire pour les différens cas de la vente des immeubles en justice, ainsi que pour procéder à l'ordre entre les créanciers ayant droit sur le prix des biens vendus.

Ce Traité sera divisé en trois parties.

La première contiendra tout ce qui concerne l'expropriation forcée.

Dans la seconde on verra tous les autres cas où un immeuble peut être vendu en justice.

L'ordre dans lequel le prix d'un immeuble vendu doit être distribué entre les créanciers, fera la matière de la troisième.

PREMIÈRE PARTIE.

DE L'EXPROPRIATION FORCÉE.

Celui qui se rend propriétaire d'une chose fait acte d'appropriation ; de là, on a introduit dans la science du droit le mot *expropriation*, pour désigner le contraire ; c'est-à-dire, pour exprimer qu'on cesse d'être propriétaire d'un objet.

L'expropriation peut être volontaire, comme dans le cas où l'on vend son bien sans y être contraint ; mais elle est forcée lorsque les créanciers font saisir ce qui appartient à leur débiteur, et en poursuivent la vente en justice pour s'en distribuer le prix.

Les principes sur l'expropriation forcée sont établis dans le Code civil ; mais les procédures qu'il faut suivre, pour parvenir à l'expropriation, quand, d'après le Code civil, elle doit avoir lieu, sont réglées par le Code judiciaire sous le titre de la *Saisie immobilière*. On voit par là que l'expropriation forcée exprime le droit qu'on a de faire vendre les biens de son débiteur qui ne paie pas au terme convenu ; tandis que par saisie immobilière on indique les moyens que la loi autorise pour exercer le droit que l'on a d'exproprier.

Cette sorte de contrainte, exercée contre les biens d'un débiteur, fera la matière de trois sections, où l'on expliquera :

Dans la première, les principes du Code civil sur l'expropriation forcée ;

Dans la seconde, la procédure prescrite par le Code judiciaire, pour exproprier.

Dans la troisième, les incidens qui peuvent survenir pendant la poursuite de l'expropriation.

SECTION PREMIERE.

Principes du Code civil sur l'Expropriation forcée.

Quatre chapitres divisent cette section.

Le Ier dira de quels biens on peut poursuivre l'expropriation.

Le IIe fera connoître contre qui les poursuites peuvent être dirigées.

Le IIIe indiquera en vertu de quel titre, pour quelle somme et dans quel tribunal on peut procéder à l'expropriation.

Le IVe enseignera ce qui doit précéder toute poursuite en expropriation.

CHAPITRE PREMIER.

De quels Biens on peut poursuivre l'Expropriation.

Un débiteur est dans le cas d'être exproprié

forcément de ses meubles aussi bien que de ses immeubles, puisque ses créanciers ont le droit de provoquer la vente judiciaire de l'une et de l'autre espèce de biens. Néanmoins, les lois désignent par expropriation forcée la seule contrainte exercée sur les immeubles et sur leurs accessoires qui sont immobilisés. *Cod. civ.*, *art.* 2204.

Puisque l'expropriation ne frappe que sur les immeubles et sur ceux de leurs accessoires qui sont de même nature, voyons donc en quoi consistent les biens immeubles et les accessoires qui en font partie.

Les immeubles sont les biens qui ne sont pas susceptibles de mobilité, et qui, par conséquent, ne peuvent pas être changés de place.

Les biens sont immeubles, ou par leur nature, ou par leur destination, ou par l'objet auquel ils s'appliquent. *Cod. civ.*, *art.* 517.

Expliquons ces trois sortes d'immeubles dans les trois paragraphes suivans.

§. Ier.

Des Biens qui sont immeubles par leur nature.

Fonds de terre. Il est évident que les fonds de terre ne peuvent être transportés d'un lieu à un autre; ils sont donc immeubles; et, puisqu'ils tiennent leur immobilité de la nature même, ce sont des objets immobiliers par leur nature.

BATIMENS. On ne connoît sous le nom de *bâtimens* que les constructions qui ont leurs fondations dans la terre, et qu'on ne peut déplacer sans les détruire. Voilà pourquoi la loi désigne également comme immeubles par leur nature, les bâtimens quelconques qui sont adhérens aux fonds de terre. *Cod. civ.*, *art.* 518.

MOULINS. Les moulins à vent ou à eau sont-ils des immeubles ?

S'ils sont assis sur des piliers fondés en terre, ils tiennent aux bâtimens, et sont de nature immobilière. *Cod. civ.*, *art.* 519.

Au contraire, les moulins établis sur bateaux peuvent changer de place sans être détruits. Il en est de même de toutes les usines qui ne sont pas fixées sur des piliers fondés en terre ; ce ne sont pas des objets inhérens à la maison ; ils sont par conséquent meubles. *Cod. civ.*, *art.* 531.

MATÉRIAUX. Les matériaux qui proviennent d'une maison, ou qui sont rassemblés pour la construire, sont-ils meubles ou immeubles ?

D'après le principe général qui ne considère comme immeubles que les objets qui tiennent aux fonds de terre, il est évident que les matériaux qui ne sont pas encore employés , ou qui ont été séparés du bâtiment , sont de nature mobilière. *Cod. civ. , art.* 532.

Que doit-on décider à l'égard des matériaux qui ne sont séparés du bâtiment que pour en faciliter les réparations , et que l'on conserve pour les replacer?

Exemple : Une pièce principale de la charpente qui couvre une maison , a besoin d'être remplacée par une autre. On est forcé, pour cette opération , de détacher les tuiles , les chevrons et d'autres objets qui tiennent à la couverture. On les range avec ordre dans un endroit où on doit les prendre , pour les remettre en place après que la réparation sera achevée. Pendant les travaux , un créancier procède à l'expropriation de la maison. Les matériaux mis de côté , avec intention de les replacer comme ils étoient, seront-ils considérés comme faisant partie essentielle de l'immeuble ?

A ne s'en tenir qu'à la lettre de la loi , il faudroit décider négativement ; car elle dit que tous matériaux , sans distinction, qui proviennent d'un bâtiment , sont meubles.

Cependant il nous semble plus conforme à l'esprit de la loi , de ne pas regarder comme séparés de la maison, des matériaux qui n'en ont été enlevés que momentanément, pour rendre possibles les réparations, et que le proprietaire est dans l'intention de replacer. D'abord cette interprétation est conforme à la loi romaine : *Ea quæ in ædificio detracta sunt, ut reponantur, ædificii sunt. L. 17, § 10 ff. de Actionib. empt. et vendit.* En second lieu, on verra bientôt que des objets naturellement mobiliers deviennent immeubles par leur destination, quoiqu'ils ne soient pas inhérens à la terre ; à plus forte raison, doit-on considérer comme immeubles des matériaux qui font essentiellement partie d'un bâtiment, et qui n'en sont séparés que pour la conservation de l'immeuble, et pour être bientôt replacés.

RÉCOLTES ET FRUITS. Conformément au principe général qui met dans la classe des immeubles tout ce qui tient au fonds de terre, les récoltes, tant qu'elles sont sur leurs racines, et les fruits des arbres non encore recueillis, sont de nature mobilière.

Au contraire, dès que les grains sont coupés, dès que les fruits sont détachés, ils deviennent meubles, quoique non encore enlevés de dessus la terre qui les a produits.

Par conséquent, lorsqu'une partie seulement de la récolte est coupée, elle est seule de nature mobilière ; le surplus, inhérent au sol, reste immobilier jusqu'au moment où il en sera détaché.

Ces dispositions sont textuellement écrites *au Cod. civ.*, *art.* 520.

On objectera peut-être que le Code judiciaire, au titre de la *Saisie-brandon*, autorise la saisie et la vente des fruits pendans par les racines, comme s'ils étoient déjà meubles.

Cette difficulté avoit été prévue par les législateurs, et plusieurs vouloient que l'exception, à l'égard des fruits pendans par les racines, fût exprimée ; mais d'autres ont observé que le Code civil ne classoit les fruits non encore récoltés, que pour régler les droits dans une succession, et qu'il falloit laisser le Code de procédure décider ce qui concerne la saisie. Par cette explication, que l'on trouve au procès-verbal des discussions du Code civil, séance du 20 vendémiaire an 12, la disposition de l'art. 520 est facile à interpréter.

Au reste, le principe général, qui ne rend les fruits meubles que quand ils sont coupés, ne reçoit l'exception établie par le Code judiciaire, que dans le cas où on a droit de contraindre un débiteur ; encore ne peut - on faire saisir séparément, et comme simples meubles, les fruits tenant aux racines ou aux arbres, que dans les six semaines qui précèdent la maturité des fruits : avant cette époque, il n'est pas permis de les considérer autrement que comme parties intégrantes du fonds de terre. *Cod. jud.*, art. 626.

COUPES DE BOIS. Les bois et forêts sont bien sûrement immeubles, comme la terre à laquelle les arbres tiennent, et dont ils ne pourroient être séparés sans cesser de participer à la végétation qui leur donne la vie. Mais le profit que l'on retire des bois et forêts consiste à les couper soit en taillis, soit en futaies, à des époques déterminées par la nature des arbres et du terrain. On demande donc si les coupes de bois, soit en taillis, soit en futaie, lorsque le temps ordinaire de les exploiter est arrivé, sont meubles ou immeubles?

Quand étoit venu l'âge fixé pour la coupe ordinaire d'un bois, on la regardoit comme objet mobilier, sans qu'il fût nécessaire qu'elle eût été abattue. Il y a tant de diversité dans la manière de régler l'âge des coupes, qui varie souvent dans le même pays, qu'on n'auroit pas pu conserver cette ancienne jurisprudence, sans inconvénient, dans une loi destinée à régir toute la France. Les coupes de bois sont donc soumises au principe général qui ne considère les fruits comme meubles, que quand ils sont séparés de la terre. Chaque arbre d'une coupe de bois, soit en taillis, soit en futaie, ne perd donc sa qualité d'immeuble qu'à mesure qu'il est séparé de la terre où il a vécu. *Cod. civ., art.* 521.

Tuyaux pour les eaux. On ne peut pas douter, d'après tout ce qu'on vient de dire, que les tuyaux, servant à la conduite des eaux dans une maison ou dans tout autre héritage, ne soient de leur nature immeubles, puisqu'ils sont inhérens au fonds de terre. Au surplus, la loi le décide formellement; c'est afin qu'il ne puisse s'élever aucune difficulté, de quelque manière que se trouvent placés les tuyaux, soit intérieurement, soit extérieurement, soit dans l'enceinte même du bâtiment, soit allant au loin chercher ou déposer les eaux. *Cod. civ., art.* 523.

On doit appliquer aux tuyaux ce que nous avons dit de toute espèce de matériaux; ils sont meubles tant qu'ils ne sont pas encore posés, ou quand ils font partie des démolitions. Mais, s'ils ne sont déplacés que pour être réparés, ils conservent leur nature immobilière qu'ils ont prise en devenant partie intégrante des constructions.

§. II.

Des Biens qui sont immeubles par destination.

On entend parler ici des objets qui, de leur

nature, sont meubles; mais qui, à cause de leur utilité essentielle pour le fonds de terre, ne peuvent en être séparés, sans le déprécier considérablement.

Ce principe seroit trop général; il donneroit lieu à trop de contestations, si la loi n'avoit pas spécifié les choses qu'elle regarde comme devenues immeubles par destination.

ANIMAUX SERVANT A LA CULTURE. Les premiers objets qui ont fixé l'attention des législateurs, sont les animaux qui servent à la culture des terres. Avant le Code civil, il y avoit peu de pays, en France, où l'on considérât, comme faisant partie d'un immeuble, les animaux employés à son exploitation; dans le droit commun, ils étoient classés et traités comme meubles. Il est facile de sentir quel désavantage il en résultoit au préjudice de l'agriculture et de l'industrie; aujourd'hui, leur destination est regardée comme une sorte d'incorporation avec l'immeuble, et ils sont régis selon les mêmes principes.

Cependant on ne doit pas considérer comme objets immobiliers tous les animaux indistinctement qui se trouvent sur un bien-fonds; la loi n'accorde cette qualité qu'à ceux qui y sont destinés à la culture par le propriétaire.

Cette destination est expresse, quand elle

résulte d'une convention par laquelle le propriétaire livre au fermier des animaux pour la culture, avec ou sans estimation. *Cod. civ.*, *art.* 522.

Ces sortes de conventions, qui concernent les animaux, se nomment *cheptels*; il y en a de différentes sortes. Tous ceux qui sont faits entre le propriétaire et celui à qui il confie la culture de sa terre, ont l'effet de rendre immeubles les animaux qui en sont l'objet.

Il n'en seroit pas de même d'un cheptel qui auroit lieu entre le propriétaire d'une terre et le fermier d'une autre terre; les animaux, quoique employés à la culture, ne deviendroient pas immeubles; il faut, pour opérer la fiction autorisée par la loi, que la destination procède du propriétaire, et concerne des animaux placés sur sa terre. Ainsi, les animaux confiés au fermier d'une terre, par un autre que le propriétaire, ne sont pas immobilisés; pareillement, lorsqu'un fermier achète des animaux pour servir à son exploitation, ils ne sont pas considérés comme immeubles. Dans l'un et l'autre cas, la fiction ne peut avoir lieu, parce que les animaux n'appartiennent pas au propriétaire du fonds sur lequel ils sont placés. *Ibid.*

L'immobilisation des animaux compris dans

le cheptel fait entre le maître et son fermier, présentoit une grande difficulté dans le cas où les animaux avoient été estimés ; on disoit qu'alors le fermier devenoit l'acquéreur des animaux, et que le propriétaire n'étoit plus que le créancier du prix porté dans le cheptel. Mais le Code, dans l'article cité, décide que l'estimation, dans un pareil bail, ne peut faire passer la propriété des animaux dans les mains du fermier ; ils n'en appartiennent pas moins au propriétaire de la terre ; par conséquent, qu'il y ait eu ou non estimation lors du cheptel, les animaux qui en sont l'objet se trouvent immobilisés.

Toutes les fois que la destination du propriétaire est expresse, l'immobilisation des animaux est soumise aux conditions arrêtées entre lui et son fermier ; par conséquent, le temps que doit durer le cheptel, est le seul pendant lequel la fiction doit avoir lieu : donc, après l'expiration de la convention, les animaux, pour lesquels elle avoit été faite, reprennent leur nature mobilière. *Ibid.*

La destination du propriétaire est tacite, quand il a placé sur sa terre des animaux qui servent à la culture ; le seul usage auquel ils sont destinés, les rend immeubles pour tout le temps qu'ils y restent. Ce principe s'étend à tous

les cas où il n'y a pas de convention. *Cod. civ.*,
art. 524, §. 2.

Ainsi, lorsqu'un propriétaire exploite lui-
même son bien, ou lorsqu'il le donne à ferme,
sans convenir d'aucun cheptel, les animaux qu'il
a attachés à la culture sont supposés immeubles.
S'il augmente le nombre de ces mêmes animaux,
pour donner plus d'activité à la culture de ses
terres, ou si les animaux qu'il a sont remplacés
par d'autres, l'immobilisation fictive est opérée
par l'effet de la destination tacite.

Quoique le Code civil, dans l'*art.* 522 et
dans le §. 2 de l'*art.* 524, semble décider la
même chose, il est aisé de voir que l'une de ces
dispositions s'applique aux cheptels de toutes
les sortes, quand ils sont convenus entre le propriétaire et son fermier; tandis que l'autre em-
brasse d'une manière générale tous les cas où,
sans qu'il y ait cheptel, le propriétaire attache
des animaux à la culture de ses terres.

ANIMAUX QUI NE SERVENT PAS A LA CULTURE.
Outre les animaux attachés à la culture d'une
terre, il en est d'autres que la loi considère
comme immeubles par destination; tels sont
les pigeons, les lapins, les mouches à miel, et
les poissons, lorsqu'ils ont été placés par le propriétaire, pour le service et l'augmentation des
produits du fonds.

Ainsi, toutes les sortes de pigeons ne sont

pas compris dans cette disposition, elle n'est applicable qu'à ceux qui habitent librement des colombiers. A l'égard des pigeons de volière, élevés dans la captivité, ils n'ont aucun rapport direct avec les produits de la terre. *Cod. civ., art.* 524, §. 5.

On doit dire la même chose des lapins qui sont élevés en captivité, et connus sous le nom de *clapiers :* la loi n'immobilise que les lapins de garennes, sans distinguer les garennes fermées de celles qui ne le sont pas ; parce que, dans l'une et l'autre espèce de garenne, les lapins sont en liberté et réunis par les soins du propriétaire comme un des produits de son héritage. *Ibid.*, §. 6.

Quant aux lapins des champs, ils ne font pas partie des biens ; ils ne deviennent susceptibles de propriété que quand ils ont été pris à la chasse, et alors ils sont meubles.

Semblable décision a lieu pour ce qui concerne les poissons. Ceux qui vivent en liberté dans une eau soit courante, soit dormante, sont immobilisés comme formant un des produits du bien-fonds dont la rivière ou l'étang fait partie. *Ibid.*, §. 8.

Cette destination du propriétaire, pour l'exploitation de sa terre, et à laquelle la loi attache l'immobilisation fictive, n'a pas lieu à l'égard des poissons réunis dans des barques ou bateaux; ils sont dans le même cas que les lapins clapiers; ils ne servent point à exploiter la terre; c'est-à-dire, à y mettre à profit tout ce qu'ils y trouvent de convenable à leurs besoins, comme lorsqu'ils sont laissés en liberté.

Quant aux poissons des fleuves et des rivières navigables, ou flottables, ils ne sont la propriété de personne; et, comme l'usage des eaux de ce genre est réglé par le Gouvernement, c'est à lui, par conséquent, qu'appartient la faculté d'affermer le droit d'y pêcher, et le poisson qui s'y trouve ne devient propriété que quand il est pris; alors, il est évidemment objet mobilier.

Les mouches à miel n'étoient pas considérées comme pouvant faire partie de l'immeuble, parce qu'elles sont renfermées dans des ruches susceptibles d'être transportées. Cependant on ne voit pas pourquoi l'immobilisation, résultant de la destination du propriétaire, ne s'appliqueroit pas aux mouches à miel, qui sont placées sur un fonds de terre, avec intention d'en augmenter le produit, puisque ces animaux y trouvent d'eux-mêmes ce qui est nécessaire pour leur subsistance; aussi, le Code civil a-t-il introduit fort raisonnablement un droit nouveau sur ce point: il décide que les ruches à miel peuvent devenir immeubles par destination. *Ibid.*, §. 7.

INSTRUMENS ARATOIRES. La destination du propriétaire rend-elle immeubles les instrumens qu'il a placés sur son fonds, pour servir à la culture ? Ils ont pour but direct l'utilité de ce bien ; ils sont d'une nécessité absolue pour en tirer des produits. Rien donc de plus naturel que d'appliquer le principe de l'immobilisation fictive aux instrumens aratoires, tant qu'ils restent sur l'immeuble. *Ibid.*, §. 3.

Les échalas qui soutiennent les vignes, sont-ils au nombre des instrumens aratoires ?

La raison indique assez qu'il faut répondre pour l'affirmative ; car, ils servent très-directement à la culture. Il seroit fort contraire à l'intention de la loi, que les créanciers du propriétaire d'un vignoble fissent saisir-exécuter comme simples meubles les échalas qui s'y trouvent ; on ne doit pas les séparer du bien auquel ils sont destinés ; on ne peut donc les saisir qu'avec les vignes qui leur ont communiqué leur nature immobilière par l'effet de la destination du propriétaire.

Mais, pendant l'hiver, lorsque les échalas sont levés et mis en dépôt, ne peut-on pas les considérer comme meubles, puisqu'ils ne tiennent plus à la vigne ?

Nous ne le pensons pas ; et nous déciderons à leur égard, comme nous l'avons fait à l'égard des matériaux qui ne sont déplacés d'un bâtiment que pour le temps des réparations. La destination du propriétaire est la même : quand les échalas sont en dépôt, c'est pour faciliter le labourage et la taille des vignes, ils seront remis en place aussitôt que le temps le permettra.

Au reste, si on avoit besoin d'une autorité pour appuyer cette opinion, on citeroit le droit romain ; il dit que les échalas qui n'ont point encore servi, quoique déjà préparés, sont meubles ; il ajoute qu'ils sont immeubles, quand ils ont été employés, quoiqu'ils se trouvent levés et mis en dépôt ; il suffit, pour qu'ils conservent leur immobilisation fictive, qu'ils soient destinés à être replacés dès que la saison arrivera : *Pali quae vineae causâ parati sunt, antequàm collocentur, fundi non sunt ; sed qui exempti sunt, ut collocentur, fundi sunt. L. 17. ff. de act. empti et venditi*, §. 17.

Les échalas que le fermier d'un bien vignoble a fournis, et qui, par conséquent, lui appartiennent, ne font pas partie de l'immeuble ; la destination de ces objets ne vient pas alors du propriétaire de la terre : ainsi, les créanciers du fermier peuvent saisir-exécuter les échalas que ce dernier a placés dans une vigne dont il ne jouit qu'à titre de bail.

SEMENCES. Les grains que le propriétaire

livre à son fermier pour ensemencer, sont immeubles par destination, dès qu'ils sont dans la ferme. On ne peut donc pas les saisir comme objets mobiliers, sous prétexte qu'ils ne sont pas encore employés.

Remarquez que les semences fournies une première fois, se renouvellent tous les ans; c'est-à-dire, que sur chaque récolte on a soin de réserver la même quantité qui a été mise en terre, afin de la semer l'année suivante; elle prend le même caractère d'immeuble. Dans les pays où il est d'usage, pour ensemencer, d'échanger des grains de la récolte, contre de pareils grains venant d'un autre pays, ceux qui rentrent dans la ferme, en échange de ceux qui en sortent, sont immobilisés, puisqu'ils représentent les grains donnés pour la semence, et qu'ils doivent servir au même usage. *Ibid.*, §. 3.

Au surplus, la fiction par laquelle les semences sont immobilisées, ne peut avoir lieu que quand elles ont été une première fois fournies par le maître du fonds; car, par leur renouvellement annuel, elles continuent d'être sa propriété.

Si donc les semences appartenoient au fermier, elles seroient susceptibles d'être saisies sur lui, comme objets mobiliers.

Pareillement, l'immobilisation étant l'effet

de la destination , tous les grains qui excèdent la quantité nécessaire pour semer , ne participent point à la nature immobilière , quoiqu'ils appartiennent au propriétaire du fonds.

La destination produit son effet sur toutes les espèces de semences, sans distinguer si le propriétaire cultive par lui-même , ou s'il a fourni les semences à son fermier. Peu importe également que ce fermier tienne sa jouissance à bail , ou qu'il l'exploite à condition d'en partager les récoltes avec le maître. C'est cette dernière espèce de cultivateurs que la loi désigne par *colons partiaires ;* ils sont très - communs dans plusieurs parties de la France.

PAILLES ET ENGRAIS. De tout temps , les engrais ont été regardés comme faisant partie intégrante de l'immeuble , même avant de les employer, pourvu qu'ils fussent destinés à l'être. Bien plus , les pailles réservées pour former les fumiers ont toujours été considérés comme les engrais eux - mêmes. Par le Code civil , cette jurisprudence est devenue une loi aussi utile pour l'agriculture que celle qui immobilise les semences. *Ibid.* , §. 11.

Comme la destination opérée par le propriétaire est le seul motif de la loi , il faut nécessairement, pour qu'il y ait immobilisation, que les pailles et engrais appartiennent au maître du fonds. Observez que ceux qu'il a livrés à son fermier au commencement du bail, sont remplacés chaque année par les pailles nouvelles, et par les fumiers qui en résultent ; en sorte qu'il doit toujours être employé annuellement sur le bien, au moins la même quantité de pailles et engrais que celle fournie originairement par le maître ; et cette quantité est constamment immobilisée.

Le fumier qui seroit acheté par le fermier au dehors pour se procurer une plus grande masse d'engrais ne seroit pas immobilisé ; ils pourroit être saisi-exécuté comme meuble avant d'être employé, parce que ce fumier n'appartiendroit pas au maître du fonds.

Pareillement les pailles et les engrais destinés à être vendus, et qui, par conséquent, excèdent les besoins de la terre sur laquelle ils se trouvent, ne sont point immobilisés, quand même le tout appartiendroit au propriétaire du fonds.

Ustensiles. Le même principe de la destination immobilise les ustensiles et les machines qui ont été placés par le propriétaire, pour l'utilité de son exploitation, soit qu'il la dirige par lui-même, soit qu'il la confie à d'autres.

Ainsi les pressoirs, les cuves, les tonnes,

dans les maisons de vignes, sont censés faire partie de l'immeuble, puisque ces objets servent à la récolte. *Ibid.*, §. 9.

Il en est de même des chaudières et des alambics, dans les maisons de vignes où le vin récolté est converti en eau-de-vie. *Ibid.*

Les forges, les papeteries, et toutes les autres usines, c'est-à-dire tous les établissemens que l'industrie a fondés sur des cours d'eau, ne peuvent être exploités sans les ustensiles qui leur sont propres; en conséquence, ces mêmes ustensiles sont immobilisés par destination. *Ibid.*, §. 10.

Remarquez que l'immobilisation des objets nécessaires à l'exploitation du fonds n'est effectuée que quand ces objets appartiennent au propriétaire de l'immeuble, et qu'ils y ont été placés par lui, tant pour y servir à l'usage qui leur est propre, que pour rendre l'immeuble plus utile.

Donc, si des cuves dans une maison de vigne, si divers autres ustensiles dans une usine, appartenoient au fermier, l'immobilisation n'auroit pas lieu; et ceux de ces objets qui ne seroient pas dépendans de la propriété du fonds, pourroient être saisis-exécutés, comme étant de nature mobilière.

Décidons de même, à l'égard des ustensiles

qu'on trouve sur un bien, et qui ne sont pas propres à son exploitation. Par exemple, si, dans une maison de vigne, il y avoit des objets utiles à la forge, ils ne seroient pas immobilisés, quoiqu'ils appartinssent au maître du vignoble, parce qu'on ne peut pas dire qu'ils sont destinés à l'exploitation du fonds.

EFFETS MOBILIERS. Enfin la destination fait considérer les effets mobiliers comme partie de l'immeuble, lorsque le propriétaire les a attachés à son fonds, dans le dessein de les y laisser à perpétuelle demeure.

Par l'expression *effets mobiliers*, on entend généralement tous les objets qui, de leur nature, ne sont pas immeubles; elle est synonyme de *mobiliers*, ou de *biens meubles* : ce sens, auquel on doit donner la plus grande étendue, ne peut pas faire le moindre doute; il est ainsi fixé par le Code civil. *Art.* 535.

La loi a voulu qu'il n'y eût plus d'équivoque entre les trois expressions dont on parle, et qu'on ne les confondît pas avec les mots *meubles*, et *meubles meublans* dont elle détermine pareillement la signification dans un sens plus restreint. *Ibid.*, *art.* 533 *et* 534.

Ainsi, tout objet quelconque qui, de sa nature, est mobilier, devient immeuble par destination, quand il a été attaché au fonds par le propriétaire, avec l'intention de l'y laisser perpétuellement.

Le point difficultueux est de reconnoître si l'intention, dans laquelle un objet mobilier a été joint au fonds, est de nature à opérer l'immobilisation ; afin donc d'éviter les contestations, la loi ajoute, en général, qu'un propriétaire est censé avoir attaché à son fonds, des effets mobiliers pour perpétuelle demeure, quand ils y sont scellés en plâtre, ou à chaux, ou à ciment, ou lorsqu'ils ne peuvent être détachés sans être fracturés et détériorés, ou bien sans briser ou détériorer la partie du fonds à laquelle ils sont attachés. *Cod. civ.*, *art.* 525.

Les circonstances désignées par la loi font présumer l'intention du propriétaire; mais cette présomption doit cesser, lorsque celui-ci s'est clairement exprimé, et lorsqu'il a déclaré son intention sur les objets par lui attachés à son fonds.

Si un testateur, par exemple, lègue sa maison, sans autre explication, on y comprendra nécessairement les armoires, et autres boiseries, qui tiennent aux murs avec plâtre ; car, la présomption légale est qu'elles ont été placées à perpétuelle demeure.

Mais si le testateur, en léguant sa maison, en excepte nommément les boiseries qui forment armoires, elles reprendront leur caractère d'objets mobiliers. Dans ce cas, la simple présomption doit céder à la preuve complète qui résulte de l'explication clairement donnée par le testateur.

Supposons que, dans la vente d'un immeuble, il ait été stipulé deux prix, l'un pour le fonds, et l'autre pour les effets mobiliers qu'il contient ; que dans ce dernier prix aient été compris nommément des objets qui tiennent à plâtre, à chaux ou à ciment ; qu'enfin un des créanciers inscrits hypothécairement, ait formé une surenchère : on demande si les objets mobiliers qui sont attachés avec chaux ou plâtre, et qui sont compris dans l'état du mobilier, vendu pour un prix séparé, pourront être atteints par l'effet de la surenchère.

La raison de douter est que l'intention manifestée par le propriétaire dans le contrat de vente détruit la simple présomption. Mais ce qui doit décider est l'intérêt des créanciers hypothécaires, dont le gage ne peut pas diminuer par le fait du débiteur. Un immeuble pourroit être d'une valeur beaucoup moindre, si on en détachoit tous les effets mobiliers qui y ont été placés pour l'ornement et l'utilité, et qui tiennent à chaux, à plâtre, ou à ciment, ou qui ne peuvent en être séparés sans détérioration causée, soit à ces mêmes objets, soit à l'immeuble. Sans doute que la simple présomption doit céder à la déclaration formelle du propriétaire; mais ce n'est pas dans le cas où cette déclaration a pu être dictée au vendeur, en fraude de ses créanciers légitimes.

L'auteur des Pandectes françaises cite un jugement du tribunal de première instance de Paris, confirmé par arrêt, et qui semble prononcer contre notre opinion; mais les circonstances de la contestation écartoient toute idée de fraude à l'égard des créanciers du vendeur; il s'agissoit d'une surenchère faite après une seconde vente.

Remarquez que l'intention de la perpétuelle demeure ne peut résulter que du fait du propriétaire de l'immeuble. Si donc un fermier, ou un locataire, faisoit tenir à chaux[1], ou à plâtre, ou à ciment, des objets mobiliers, ils ne cesseroient pas de lui appartenir; il est évident qu'il ne les a placés que pour le temps de sa jouissance, et qu'ainsi ils ne sont pas devenus portion du fonds par destination. Le locataire est seulement tenu, en emportant le mobilier qu'il avoit attaché si fortement, de rétablir les places dans le même état qu'elles étoient quand il a pris possession de l'immeuble.

§. III.

Des Biens qui sont immeubles par l'objet auquel ils s'appliquent.

Dans les principes du droit, on distingue les personnes et les choses; parmi les choses, il y en a qui sont corporelles; ce sont celles qui ont un corps susceptible d'être aperçu par les sens, comme un champ, une maison, un cheval, une pendule. On appelle *incorporelles* les choses qui n'ont point un corps matériel; telles sont les rentes, les créances, l'usufruit des choses corporelles, les servitudes auxquelles elles sont assujéties, et généralement les droits dont ces choses sont l'objet.

Le Code civil ne s'occupe point de cette première division des choses, qu'il abandonne à la doctrine; il fait deux classes de tous les biens, soit corporels, soit incorporels : dans l'une, il place les meubles; dans l'autre, les immeubles. Les choses corporelles sont, par leur nature, de l'une ou de l'autre classe; les choses incorporelles suivent la nature des objets auxquels elles sont appliquées.

Le droit qu'on a de se faire payer d'une somme qui, de sa nature, est mobilière, se place dans la classe des meubles, tandis que le droit qu'on a de se faire livrer un immeuble est un objet immobilier.

Ce principe général n'a pas paru suffisant ; pour plus grande explication, le Code civil a indiqué, parmi les choses incorporelles, celles qui sont réputées immeubles, à cause de l'objet auquel elles se rapportent.

Usufruit. On sait que l'usufruit n'est point une partie corporelle, mais un droit de jouir d'une chose pendant un espace de temps convenu ; or, si cette chose est immobilière, l'usufruit qui la concerne doit être immobilier. *Cod. civ.*, *art.* 526, §. 1.

Servitudes. Une servitude est le droit qu'on a de se servir de la chose d'autrui, ou d'interdire à quelqu'un l'usage d'une chose qu'il possède : *Jus faciendi aut prohibendi aliquid in alieno*. Si ce droit concerne l'usage d'un immeuble ou d'une portion d'immeuble, il est essentiellement de nature immobilière, à cause de l'objet auquel il s'applique. *Ibid.*, §. 2.

C'est seulement lorsqu'un droit d'usage accordé ou interdit s'applique à un immeuble, qu'on le nomme *servitude* ou *service foncier* ; on le désigne de toute autre manière quand il ne concerne que des meubles.

Actions. Enfin une action qui tend à revendiquer un immeuble est évidemment immobilière, à cause de l'objet auquel elle s'applique, suivant la règle si connue : *Actio ad immobile est immobilis*. On doit s'y conformer non seulement pour les actions en revendication, mais encore pour toutes celles qui tendent à se procurer un objet immobilier auquel on a droit. Ainsi, l'action *ex empto*, que l'acquéreur d'un immeuble peut intenter contre le vendeur, pour avoir livraison de l'objet vendu, est considéré comme un bien immobilier; dans une succession elle appartiendroit à l'héritier des immeubles. *Ibid.*, §. 3.

Il est assez évident que les choses corporelles qui sont immeubles, soit par leur nature, soit par destination, sont susceptibles de la poursuite par expropriation forcée. Parmi les choses incorporelles, l'usufruit des immeubles paroît le seul objet dont un débiteur puisse être exproprié par ses créanciers. Dans l'usufruit se trouve une jouissance qui peut être saisie et vendue, pour le temps qu'elle dure, de la même manière que seroit vendue la jouissance à perpétuité, si l'immeuble appartenoit en toute propriété au débiteur. *Cod. civ.*, *art.* 2204.

A l'égard des servitudes, elles sont des accessoires des immeubles; on ne peut donc pas les considérer séparément, et sans les héritages auxquels elles s'appliquent. L'expropriation ne peut donc s'en faire isolément ; mais elles sont comprises dans la saisie des héritages mêmes auxquels elles sont dues.

On sent également qu'une action tendante à se faire livrer un immeuble n'est qu'un droit à exercer, et non pas une chose dont la possession puisse être saisie. Un créancier peut bien faire valoir les droits de son débiteur quand celui-ci les néglige, et qu'il en résulte de quoi payer la dette ; mais on ne voit pas qu'il soit possible d'en priver le débiteur par expropriation.

CHAPITRE II.

Contre qui peut se poursuivre l'Expropriation.

En établissant que l'expropriation peut être poursuivie par un créancier, pour les biens immobiliers et leurs accessoires réputés immeubles, le Code civil, *art.* 2204, ajoute que ces objets doivent appartenir en propriété ou en usufruit au débiteur.

Il faut donc, pour que quelqu'un puisse être exproprié d'un immeuble, qu'il en ait soit l'entière propriété, soit l'usufruit, soit la nue propriété. Dans le premier cas, l'expropriation est entière ; dans les deux autres cas, elle ne frappe que sur la nue propriété, ou sur l'usufruit.

De là il suit qu'un débiteur qui possède un immeuble à titre de fermier, ou de locataire, ne peut pas en être exproprié.

On demande si un débiteur peut être exproprié de sa part dans un héritage qui appartient indivisément à plusieurs personnes.

Pour décider cette question, il faut observer que, par l'effet de l'indivision, il n'est pas une seule petite partie de l'immeuble sur laquelle chaque copropriétaire n'ait sa portion. Comment donc concevoir des poursuites d'expropriation contre l'une, sans attaquer toutes les autres parts?

Il n'en est pas de l'indivision comme de l'usufruit et de la nue propriété; ces deux objets, quand ils n'appartiennent pas à la même personne, sont très-distincts. Voilà pourquoi il est possible d'exproprier l'un ou l'autre.

Quant à la part indivise, l'expropriation ne peut pas en être poursuivie, avant que l'immeuble ait été partagé ou licité. Si les copropriétaires ne s'occupent pas du partage, le créancier a le droit de provoquer l'opération qui doit fixer la portion de son débiteur. *Cod. civ.*, *art.* 2205.

Pendant que l'on procède au partage, le créancier, soit qu'il ait été ou non obligé de le provoquer, a le droit d'y intervenir, pour

veiller à ce qu'il n'y soit rien fait frauduleuse-
ment contre ses intérêts. *Cod. civ., art.* 2205.

Un créancier qui n'a point d'hypothèques
sur les immeubles de son débiteur peut-il l'en
exproprier ?

La raison de douter est que la loi du 11 bru-
maire an 7 ne permettoit l'expropriation qu'au
créancier inscrit. Ce qui décide, c'est que le
Code civil ne fait aucune distinction entre les
créanciers auxquels il donne le droit d'expropriation ; par conséquent, celui qui est porteur d'un titre exécutoire peut poursuivre l'expropriation de son débiteur, sans avoir besoin
de se faire inscrire sur les biens de ce dernier.
Il est vrai qu'en ce cas le poursuivant ne peut
être payé sur le prix des immeubles qu'après les
créanciers inscrits, et seulement par contribution avec ceux qui, comme lui, n'ont pas
d'hypothèque.

A l'égard de celui dont la créance repose, par
hypothèque, sur un seul des immeubles de son
débiteur, on conçoit qu'il a également le droit
d'expropriation sur tous les autres biens-fonds ;
mais il est à remarquer qu'il doit commencer
par l'objet qui lui est hypothéqué : c'est seulement en cas d'insuffisance, qu'il peut attaquer
les autres biens immobiliers. *Cod. civ., art.* 2209.

Cette disposition est fondée sur ce que, main-

tenant, un immeuble ne peut être frappé d'hypothèque s'il n'a été pris une inscription qui
le grève nommément de la dette. Il est donc
raisonnable de ne permettre à un créancier
l'expropriation des biens qui ne lui sont pas
hypothéqués, que quand il ne se trouve pas
payé par la vente de ceux qu'il a particulièrement choisis pour gage de sa créance.

Quoique le droit de poursuivre l'expropriation s'étende à tous les immeubles du débiteur,
cependant les immeubles situés dans différens
arrondissemens ne peuvent être saisis que successivement, à moins qu'ils ne fassent partie
d'une seule et même exploitation. *Cod. civ.*,
art. 2210.

Cependant, pour que plusieurs immeubles,
situés en différens arrondissemens, soient vendus ensemble, comme formant une même exploitation, il faut que le débiteur le requière.
Alors, après l'adjudication définitive, on fait la
ventilation du prix s'il en est besoin. *Cod. civ.*,
art. 2211.

Par *ventilation*, on entend la fixation du
prix de chaque immeuble en particulier, eu
égard au prix total qu'ils ont été vendus tous
ensemble. Cette opération est quelquefois nécessaire pour établir l'ordre des créances, selon
les priviléges et les hypothèques, quand elles

ne frappent pas toutes également sur la totalité des immeubles vendus. La ventilation se fait par experts, ou nommés à l'amiable entre les parties, ou nommés d'office par le tribunal.

Ce qu'on vient de dire des immeubles situés en différens arrondissemens, et formant une seule exploitation, doit s'étendre au cas où les immeubles hypothéqués à la créance du poursuivant, se trouveroient employés à la même exploitation, avec d'autres immeubles qui ne lui seroient pas hypothéqués. La vente des uns et des autres pourroit être poursuivie ensemble, si le débiteur le demandoit; sauf à faire ensuite la ventilation du prix. *Cod. civ.*, *art.* 2211.

Un débiteur, comme on vient de le voir, ne peut être exproprié que des immeubles qui lui appartiennent, soit en propriété, soit en usufruit.

La seconde règle est que l'on peut poursuivre une expropriation contre l'héritier de celui qui s'est obligé ou a été condamné par le titre qu'on fait exécuter, sans qu'il soit besoin de faire déclarer le titre exécutoire contre cet héritier. La seule formalité à observer préalablement, est de faire signifier au domicile, ou à la personne de l'héritier, le titre qu'on veut faire exécuter. Ce n'est que huitaine après cette signification, qu'il est permis de commencer ou continuer contre l'héritier les poursuites d'exécution. *Cod. civ.*, *art.* 877.

Cette exécution, dans tous les cas, ne peut avoir lieu avant l'expiration des délais accordés aux héritiers, pour faire inventaire et pour délibérer. Si le défunt n'a point d'héritier, on fait créer, à la succession vacante, un curateur contre lequel on dirige les poursuites.

Une troisième règle, est qu'on ne procède que sur ceux qui peuvent se défendre. De là il suit que ce n'est pas contre un mineur, ou un interdit, ou une femme mariée, que l'expropriation de ses biens se poursuit, mais contre le tuteur ou le mari.

Il faut remarquer que le tuteur est, par sa qualité, suffisamment autorisé à défendre contre une saisie des meubles du mineur ou de l'interdit; mais que, s'il s'agit de l'expropriation des immeubles, il est obligé de recourir au conseil de famille, pour y recevoir l'autorisation de défendre contre ce genre de poursuite. *Code civ.*, *art.* 464.

Si le tuteur négligeoit ce préalable, la saisie faite sur lui, des biens du mineur ou de l'interdit, seroit valable ; mais la procédure qui suivroit ne seroit pas régulière. Dans ce cas, avant de suivre sur sa saisie, le créancier fait ordonner par le tribunal, que le conseil de famille se rassemblera pour donner au tuteur les pouvoirs nécessaires.

Quand les immeubles qu'on veut saisir appartiennent à une femme mariée, on distingue s'ils font partie de la communauté; alors, c'est contre le mari seul que se dirige la poursuite, même quand la femme se seroit personnellement obligée, parce que le mari est maître d'aliéner seul les biens de la communauté. *Cod. civ., art.* 2208.

A l'égard des immeubles de la femme, qui ne sont pas en communauté, l'expropriation est faite sur le mari et sur la femme, quand ils sont l'un et l'autre majeurs; parce que la femme ne peut paroître en justice, même pour ses seuls intérêts, sans l'autorisation de son mari. *Cod. civ., art.* 215.

Si la femme étant majeure, le mari étoit mineur; ou si le mari, étant majeur, refusoit son assistance à sa femme, elle pourroit se faire autoriser par la justice, qui lui nommeroit d'office un tuteur, contre lequel les poursuites seroient dirigées. *Ibid.*

Si la femme négligeoit cette formalité, sans laquelle les poursuites ne seroient pas régulières, le créancier pourroit lui-même provoquer l'autorisation de la justice. *Ibid.*

En cas de minorité du mari et de la femme, il est également nécessaire, pour la validité des poursuites, que le tribunal nomme, d'office, à la femme, un tuteur contre lequel on procède. *Ibid.*

CHAPITRE III.

En vertu de quel titre, pour quelle somme et dans quel tribunal on peut poursuivre l'expropriation.

Dans un premier paragraphe on dira en vertu de quel titre, dans un second pour quelle somme, et dans un troisième devant quels juges on peut poursuivre l'expropriation.

§. Ier.

En vertu de quel titre peut-on exproprier.

Puisque l'expropriation forcée est une contrainte, il s'ensuit qu'elle ne peut se faire qu'en vertu d'un titre exécutoire, et pour une dette certaine et liquide.

Ainsi, une obligation, passée devant notaire, porte que celui qui l'a souscrite fournira la quantité de vin qui sera nécessaire au magasin d'un marchand, pendant une année ; l'obligé n'a point satisfait à la condition qu'il s'étoit imposée : peut-on, en vertu de cet acte dont la grosse est en forme exécutoire, l'exproprier de ses immeubles ? On peut faire la saisie, et toutes les procédures qui conduisent à l'adjudication définitive de l'immeuble ; mais on ne pourra pas aller plus loin, parce que la dette n'est encore ni certaine, ni liquide. Il faut donc préalablement faire liquider le montant de l'obligation ; c'est quand le résultat en sera fixé à une somme d'argent, par un jugement, ou par un acte authentique et exécutoire, que l'adjudication définitive pourra être prononcée. *Cod. civ.*, *art.* 2213.

On demande si le cessionnaire d'un titre exécutoire peut faire saisir l'immeuble de la partie qui s'est obligée, comme auroit pu le faire celui de qui il a acquis les droits ? Nulle difficulté : on exerce légitimement les actions de celui à qui on succède à titre de cessionnaire ; mais, pour diriger des contraintes en son nom, le nouveau créancier doit, avant tout, faire signifier l'acte de cession au débiteur : c'est une conséquence de ce principe si connu : *Un transport ne vaut s'il n'est signifié*. Cod. civ., art. 2214.

On procède légalement à l'expropriation forcée, en vertu d'un jugement dont il ne peut y avoir d'appel, soit parce qu'il est rendu en dernier ressort, soit parce qu'il est passé en force de chose jugée.

La saisie se fait aussi en vertu d'un pareil jugement dont l'appel a été interjeté, s'il est exécutoire par provision ; mais alors la procédure n'est conduite que jusqu'à la dernière adjudication qui ne peut être prononcée qu'après l'arrêt définitif. *Cod. civ.*, *art.* 2215.

De là il suit qu'en vertu d'un arrêt, ou d'un

jugement en dernier ressort, quand il est rendu par défaut, on ne peut faire de poursuites, tant que dure le délai accordé pour y former opposition. *Cod. civ., art.* 2215.

§. II.

Pour quelle somme on peut exproprier.

Les lois ne fixent point à quelle somme doit se porter une dette, pour qu'elle puisse autoriser l'expropriation forcée. Mais la raison fait assez voir qu'il y auroit trop de dureté à entreprendre l'expropriation d'un débiteur pour une somme trop modique, et pour le paiement de laquelle il auroit évidemment d'autres ressources. L'usage a toujours été, à Paris, de ne point permettre d'expropriation pour une somme moindre de deux cents francs ; cette indulgence n'a pas lieu, quand le débiteur s'en est rendu indigne. On cite, par exemple, le cas où un huissier, ayant été chargé du recouvrement d'un billet, en auroit touché le montant, et l'auroit appliqué à son profit personnel ; la saisie de son immeuble ne seroit pas une procédure trop rigoureuse, pour le forcer à restituer une somme dont il n'étoit que le dépositaire.

De cet usage, il ne résulte pas que la procédure d'expropriation soit nulle pour avoir été faite à cause d'une dette au dessous de deux cents francs; mais le débiteur peut alors invoquer l'indulgence de la justice, qui vient à son secours, selon que le permettent les circonstances.

On demande si une saisie immobilière qui, comme on le vera, est le premier acte de l'expropriation, est valable, quand elle se trouve faite pour une somme plus forte que celle réellement due. La rigueur de l'expropriation avoit porté quelques jurisconsultes à une décision favorable au débiteur; mais d'autres, considérant que, quelque dure que soit une pareille contrainte, elle n'en est pas moins juste et nécessaire, n'ont pas vu de nullité dans l'exagération de la créance du saisissant; ce n'est qu'une erreur à rectifier, et indépendamment de laquelle existe le droit du créancier. Cette opinion a été consacrée par la loi : elle dit expressément qu'une poursuite en expropriation ne peut être annullée, sous prétexte qu'elle auroit été commencée, pour avoir paiement d'une somme plus forte que celle qui est due. *Cod. civ.*, *art.* 2216.

§. III.

Dans quel tribunal on procède en expropriation.

Quand la saisie réelle se faisoit en exécution d'un jugement, la procédure se suivoit devant le tribunal qui l'avoit rendu; c'étoit une conséquence du principe qui veut qu'un tribunal connoisse de l'exécution de ses jugemens.

Lorsque la saisie étoit faite en vertu d'une obligation passée devant notaire, on considéroit l'action qui en résulte comme mixte, et pouvant être portée ou devant le tribunal du domicile du débiteur, ou devant le tribunal de la situation des lieux.

L'application de ces principes avoit un grand inconvénient; toutes les formalités, concernant les hypothèques, étoient observées sur les lieux de la situation de l'immeuble, tandis que les autres procédures se faisoient dans un tribunal quelquefois fort éloigné de là. Pour rendre la marche des poursuites plus simple et plus rapide, la loi veut que l'expropriation soit poursuivie, en toutes circonstances, devant le tribunal de la situation des biens. C'est ce qu'on voit par le Code civil, qui, en cas de saisie de plusieurs objets situés dans des arrondissemens différens, dit que la procédure se fera devant le tribunal du territoire où est le chef-lieu de l'exploitation; et, à défaut de chef-lieu, devant le tribunal où est située la partie des biens saisis, qui présente le plus grand revenu d'après la matrice du rôle de l'imposition foncière. *Cod. civ.*, *art.* 2210.

Cette exception est reconnue par le Code judiciaire, *art.* 472, où il est parlé de l'exécution des jugemens, confirmés ou infirmés sur l'appel. Il est expressément dit que les règles établies sur ce point ne sont pas applicables aux jugemens relatifs à l'expropriation forcée, ni aux autres matières dans lesquelles la loi attribue juridiction. Ainsi, une saisie immobilière a été déclarée nulle en première instance; un arrêt a infirmé le jugement, et ordonné la continuation des poursuites. L'exécution de cet arrêt ne peut pas appartenir à la cour d'appel, ni être renvoyée à un tribunal autre que celui qui a connu de l'affaire en première instance; parce que la loi attribue cette espèce de procèdure exclusivement, et dans tous les cas, au tribunal de la situation de l'immeuble saisi.

CHAPITRE IV.

Ce qui doit précéder toute poursuite en expropriation.

Dans un premier paragraphe, nous verrons quand l'expropriation ne peut se faire qu'après la discussion du mobilier du débiteur; un second paragraphe parlera du commandement qui doit précéder toute poursuite.

§. Ier.

De la Discussion du Mobilier.

Avant l'ordonnance de 1539, on ne pouvoit saisir les biens-fonds d'un débiteur qu'après l'avoir exécuté dans ses meubles, ou avoir constaté qu'il n'en possédoit pas. Mais l'abus qui en résultoit n'a pas permis d'user par la suite de la même indulgence. Depuis 1539, il étoit donc permis de saisir les héritages du débiteur, sans être obligé de discuter auparavant ses biens meubles.

Cependant, cette faculté ne s'est point étendue au cas où le débiteur étoit mineur ; on pensoit que cette ordonnance n'avoit pas voulu porter atteinte au principe d'après lequel les immeubles des mineurs sont inaliénables, tant qu'il n'y a pas cause nécessaire ; or, la vente en seroit faite sans nécessité, si le mineur avoit des meubles en suffisante quantité pour payer ses dettes.

Cette interprétation a été consacrée par le Code civil ; les immeubles d'un mineur, même émancipé, ainsi que ceux d'un interdit, ne peuvent être mis en vente avant la discussion de son mobilier. *Cod. civ.*, *art.* 2206.

Une question, qui a divisé les anciens jurisconsultes, est celle de savoir si, pour commencer l'expropriation d'un immeuble appartenant à un majeur et à un mineur, il faut que le mobilier de ce dernier soit discuté. Il n'y a pas de difficulté, quand la dette est personnelle à l'un des deux seulement ; en effet, si elle ne concerne que le mineur , il faut, avant d'attaquer ses droits immobiliers , discuter ses meubles ; la loi le veut impérieusement. Si la dette ne concerne que le majeur , les meubles du mineur n'y sont pas affectés ; on n'a pas de titre pour les saisir. A l'égard de sa portion indivise dans l'immeuble , l'intérêt du mineur sera mis à l'abri , comme nous l'avons dit plus haut, en faisant opérer préalablement le partage ou la licitation ; en sorte que la poursuite ne pourra plus frapper sur ce qui sera devenu la portion du mineur.

La question ne présente donc de difficulté que quand la dette est commune au majeur et au mineur ; par exemple , lorsqu'étant frères , ils sont obligés à cette dette comme héritiers de leur père : faut-il alors que l'on ait discuté le mobilier du mineur , avant de passer à l'expropriation de l'immenble indivis ? La loi lève tous les doutes sur ce point ; elle décide que la discussion des meubles du mineur ou de l'interdit, n'est pas nécessaire pour attaquer un immeuble qu'il possède indivisément avec un majeur usant de ses droits. *Cod. civ.* , *art.* 2207.

Lorsque la procédure a été commencée contre un majeur qui vient à décéder , et qu'un mineur lui succède, faut-il, avant de continuer les poursuites, discuter les meubles de l'héritier mineur ?

Des arrêts avoient jugé pour l'affirmative; mais l'article qu'on vient de citer dit positivement que, dans le cas prévu, la discussion des meubles du mineur ne doit pas être exigée.

Un immeuble est mis en vente, par expropriation forcée, contre une personne dont l'interdiction est prononcée pendant les procédures, faut-il les suspendre pour faire la discussion des meubles du débiteur qui a cessé de jouir de ses droits? C'est une question absolument semblable à celle de la précédente; elle est décidée de même par la négative. *Cod. civ.*, *art.* 2207.

Qu'est-ce que discuter les meubles d'un débiteur ? C'est, d'après la signification rigoureuse, en faire la recherche; ce qui veut dire, en termes de procédure, les mettre sous la main de justice, pour être vendus.

Quand il ne se trouve point d'objets mobiliers appartenant au débiteur, l'huissier le constate par son exploit, qu'on nomme alors procès-verbal de *carence* : ce mot vient du latin CARERE, qui veut dire *être privé*.

La discussion des meubles d'un mineur en tutèle, ou d'un interdit, se fait en assignant le tuteur, afin de rendre compte de sa gestion. Par ce compte, on voit ce qui peut appartenir au mineur ou à l'interdit, en meubles ou en

deniers disponibles. Ces objets doivent être d'a-
bord employés au paiement de la dette. S'il est
dû des sommes au mineur ou à l'interdit par
des tiers, ceux-ci sont poursuivis, au nom du
tuteur, à la diligence du créancier qui s'y fait
autoriser par le tribunal, quand le tuteur fait
difficulté d'agir.

Lorsqu'il est constaté que ces diverses ressources mobilières ne suffisent pas, on peut
procéder à l'expropriation des immeubles appartenant au mineur ou à l'interdit.

Comme le mineur émancipé jouit de ses
biens mobiliers, on saisit sur lui, soit entre
ses mains, par la saisie-exécution, ou la saisie-
brandon ; soit entre les mains d'un tiers, par la
saisie-arrêt, ou la saisie de rentes, les objets
mobiliers qui lui appartiennent. S'il ne possède
aucun bien meuble, on dresse procès-verbal de
carence. Après avoir ainsi épuisé les ressources
mobilières du mineur émancipé, il est permis
d'attaquer ses immeubles.

Une femme mineure, que le mariage a émancipée, doit être de même discutée dans ses
meubles, préalablement à l'expropriation de
ses biens-fonds ; mais cette discussion se mo-
difie relativement à la puissance maritale et
aux conventions matrimoniales.

Dans le cas où il y a communauté de biens,

et que les époux sont convenus, comme il est assez d'usage, de payer chacun séparément leurs dettes antérieures au mariage, le créancier de la femme poursuit le mari personnellement, à l'effet, par ce dernier, de payer sur les objets mobiliers que la femme a apportés; si le mari les avoit dissipés, il en seroit responsable sur tous ses biens. Mais s'il n'avoit, ni en mobilier, ni en immeubles, de quoi en répondre; ou, si le contrat de mariage ne constatoit aucun mobilier apporté par la femme, la discussion de ses meubles se trouveroit faite, et on pourroit l'attaquer dans ses biens-fonds.

Au même cas de communauté, si les époux n'ont pas stipulé la séparation de leurs dettes, celles de la femme deviennent nécessairement personnelles au mari, comme maître de la communauté dont elles sont une charge. Le créancier doit donc poursuivre le mari seul; et ce n'est que quand tous les biens quelconques de ce dernier sont insuffisans, qu'on peut s'en prendre aux immeubles de la femme mineure.

Quand il n'y a pas communauté, et que la femme ne s'est pas réservé la jouissance de ses biens, il n'est pas douteux que la procédure, pour parvenir à la discussion de son mobilier, sera dirigée contre elle et contre son mari; en sorte qu'on ne pourra s'en prendre aux immeubles de la femme mineure que quand ses meubles auront été insuffisans.

Mais, lorsque, par le contrat de mariage, la femme s'est réservé la jouissance de ses biens, elle peut disposer de ses revenus et de ses meubles, quoique mineure ; car elle est émancipée par le mariage. De là naît la question de savoir si un créancier peut faire la discussion préalable du mobilier en appelant la femme seule, ou bien s'il doit discuter contre le mari et la femme, comme dans le cas précédent.

Nul doute qu'il faille procéder contre la femme et le mari : non pas qu'elle ait besoin d'autorisation pour employer son mobilier à l'acquit de ses dettes, puisque ce n'est là qu'un acte administratif, mais à cause de la puissance maritale à laquelle la faculté de jouir de ses biens ne peut jamais soustraire une femme. Or, un des effets de cette puissance maritale est que la femme, tant en demandant qu'en défendant, ne peut, sans l'assistance de son mari, ester en justice, *stare in judicio* ; c'est-à-dire, faire aucun acte de procédure.

§. II.

Du Commandement préalable.

L'expropriation forcée étant une contrainte, elle doit être précédée d'un commandement, afin que le débiteur soit mis en demeure de payer, avant que d'être exécuté dans ses biens.

A la requête du créancier, cet avertissement doit être signifié par un huissier, au domicile ou à la personne du débiteur. *Cod. civ.*, *art.* 2217. *Voyez* à ce sujet ce que nous avons dit au chap. 2, en parlant de ceux contre qui on peut poursuivre l'expropriation, lorsque le débiteur est mineur, ou interdit, ou en puissance de mari : c'est à la personne ou au domicile de ceux contre qui on doit procéder, qu'il faut signifier le commandement.

Le même article renvoie au Code de la procédure civile, pour la forme de cet exploit, parce que c'est là que sont réglées les formalités par lesquelles on parvient à l'expropriation.

Suivant le Code de la procédure civile, le commandement préalable doit, sous peine de nullité, contenir, 1° copie entière du titre exécutoire, en vertu duquel on se propose de poursuivre ; 2° élection de domicile, de la part du créancier, dans le lieu où siége le tribunal qui devra connoître de la saisie, si ce créancier n'y fait pas sa demeure ; 3° déclaration positive que, faute de paiement, il sera procédé à la saisie des immeubles du débiteur. *Art.* 673.

Outre la copie du commandement, laissée à personne ou domicile, l'huissier, dans le même jour, en doit remettre une seconde copie au maire de la commune où la signification est faite, et lui faire viser l'original de l'exploit, sous peine de nullité. *Cod. jud.*, *art.* 673.

On étoit dans l'usage autrefois de faire deux commandemens avant la saisie immobilière ; aujourd'hui, un seul suffit, puisque la loi le décide ainsi ; et cela doit se pratiquer par toute la France, même dans les pays où les coutumes exigeoient deux commandemens préalables : ces dispositions locales sont abrogées par la loi générale.

Un autre usage étoit d'exiger que l'huissier fît le second commandement en présence de deux témoins, ou, autrement dit, de deux *recors* ; c'est pourquoi les praticiens disoient qu'une saisie immobilière devoit être précédée d'un commandement *recordé*. Aucune loi n'avoit prescrit cette formalité : en sorte que, dans certains pays, quand elle n'avoit pas été remplie, la saisie étoit déclarée nulle ; tandis que, dans d'autres provinces, on n'attribuoit pas au commandement non recordé un effet aussi rigoureux.

La loi nouvelle, à l'article cité, lève à cet égard toute difficulté : il dit formellement que l'huissier ne se fera pas assister de témoins, en signifiant le commandement préalable ; rien, en effet, ne nécessite cette précaution, puisque le maire ou l'adjoint vise l'original de l'exploit, et qu'une seconde copie lui en est laissée. Il n'est plus à craindre alors que le débiteur ignore le commandement qui lui a été fait; s'il ne l'apprenoit pas, par la personne à qui la première copie en a été laissée à domicile, certainement il en seroit instruit par le maire ou l'adjoint de sa commune.

Nul délai n'étoit fixé pour faire la saisie après le commandement; on la regardoit valable, qu'elle fût faite le lendemain, ou plusieurs années après. La nouvelle loi condamne ces deux extrèmes: d'une part, elle ne permet de procéder à la saisie immobilière, qu'après qu'il s'est écoulé au moins trente jours depuis le commandement préalable: d'un autre côté, quand on a laissé passer plus de trois mois sans faire la saisie, il n'est plus possible d'y procéder qu'après avoir rempli de nouveau la formalité du commandement; ainsi l'intervalle entre cet exploit et la saisie, n'est jamais moindre que trente jours, ni plus grand que trois mois, à peine de nullité. *Cod. jud.*, *art.* 674

La peine de nullité, dans les différens cas auxquels nous l'avons appliquée, se trouve prononcée par l'article 717 du Code judiciaire.

MODÈLE du Commandement préalable.

L'huissier copie d'abord le titre exécutoire en vertu duquel il instrumente ; il dresse à la suite le commandement comme il suit :

« L'an mil huit cent cinq, le cinq novembre, en vertu de l'obligation ci-dessus transcrite, et à la requête du sieur Etienne M...., propriétaire, demeurant à Paris, rue Saint Sauveur, n° 18 ; moi, François G....., huissier reçu au tribunal civil de Melun, département de Seine et Marne, y demeurant, rue du Vieux Port, n° 57, j'ai fait commandement au sieur Benoist D..., marchand papetier, demeurant à Melun, rue de l'Arquebuse, n° 9, en parlant, dans son domicile, à une femme qui m'a dit être son épouse, de présentement payer audit sieur M..., ou à moi, huissier, porteur des pièces, la somme de deux mille six cents francs, pour les causes énoncées en l'obligation ci-dessus transcrite, sans préjudice d'autres dus, droits, actions, intérêts et frais d'exécution.

» Ledit sieur D..., en parlant comme il est dit ci-dessus, ayant refusé de payer ladite somme de deux mille six cents francs, je lui ai déclaré qu'il seroit procédé à la saisie de ses immeubles, à la requête dudit sieur M...

» A cet effet, le requérant élit domicile en cette ville de Melun, chez Mᶜ P..., avoué au tribunal civil, rue des Boules, n° 5.

» Après avoir laissé copie du présent commandement au domicile dudit sieur D..., en parlant à la dame son épouse, j'ai porté une seconde copie à M. le maire de Melun, qui a visé l'original. *Signé* G..., huissier.

» Visé par nous, maire de la ville de Melun, département de Seine et Marne, le présent original, dont copie nous a été remise.

» A Melun, ce cinq novembre mil huit cent cinq. *Signé* L..., maire. »

SECTION SECONDE.

Procédure prescrite par le Code judiciaire, pour parvenir à l'expropriation forcée.

Par l'expropriation forcée, le Code civil entend l'action que l'on exerce quand on attaque un débiteur dans ses biens immeubles; il établit les cas où on a droit d'agir par cette voie rigoureuse. Mais, pour la suivre, il faut faire une saisie immobilière; et c'est le Code de procédure qui en règle toutes les formalités.

Ainsi, en parlant de l'expropriation forcée, on désigne l'effet du droit qu'on a de faire vendre les immeubles d'un débiteur ; et , par la saisie immobilière , on entend les procédures qui conduisent à la vente des immeubles par expropriation forcée.

Dans la première section , nous avons expliqué tous les principes du Code civil en matière d'expropriation ; il nous reste à parler des procédures que le Code judiciaire prescrit pour parvenir à exproprier un débiteur ; c'est-à-dire, tout ce qui concerne la saisie immobilière.

Dans cinq chapitres nous traiterons cette matière.

Le premier dira en quoi consiste la saisie immobilière ;

Le deuxième , quels en sont les effets.

Le troisième expliquera les procédures qui conduisent à la vente de l'immeuble.

Le quatrième parlera des adjudications.

Le cinquième traitera de la surenchère.

CHAPITRE PREMIER.

En quoi consiste la Saisie immobilière.

La saisie immobilière a pour but de forcer un débiteur à satisfaire ses créanciers , avec le prix de ses biens-fonds ; comme la saisie-exécution le force à payer avec le prix de ses biens mobiliers.

Une saisie immobilière est donc un acte par lequel, à la requête d'un créancier muni d'un titre exécutoire, un huissier met sous la main de justice un immeuble appartenant au débiteur de ce créancier, à l'effet d'opérer l'expropriation forcée, par la vente judiciaire de cet immeuble.

Pour bien connoître les formes de la saisie immobilière, il faut distinguer 1° le procès-verbal, ou, autrement dit, l'exploit de saisie; 2° la transcription de cet acte sur divers registres; 3° la dénonciation qui doit en être faite. Nous allons parler de ces formalités dans les trois paragraphes suivans.

§. Ier.

Du Procès-verbal de saisie immobilière.

La saisie immobilière se fait par le ministère d'un huissier qui met le bien saisi sous la main de justice. Cet acte doit donc avoir toutes les formes communes à tous les exploits. *Coa.jud.*, *art.* 675.

De plus, le procès-verbal de saisie immobilière doit contenir, sous peine de nullité, 1° l'énonciation du jugement ou du titre, dont copie entière a été donnée nécessairement avec le commandement; 2° mention que l'huissier s'est transporté sur les biens saisis; 3° la désignation de l'extérieur de ces mêmes biens, ainsi que de l'arrondissement et de la commune où ils sont situés ; 4° l'extrait de la matrice du rôle des contributions foncières, pour chaque article saisi ; 5° l'indication du tribunal où la saisie sera portée ; 6° constitution d'avoué, chez lequel, par conséquent, le domicile du saisissant se trouve élu de droit. *Cod. jud., art.* 675.

Outre ces conditions auxquelles doit satisfaire tout procès-verbal de saisie ; quel que soit l'immeuble qui en fait l'objet, il est encore nécessaire, sous peine de nullité, quand il s'agit d'une maison, de désigner, non seulement l'arrondissement et la commune où elle se trouve, mais encore les tenans et aboutissans, et la rue où elle est située. *Ibid.*

Si c'est un bien rural, après avoir indiqué l'arrondissement, la commune, on doit de plus désigner les bâtimens, s'il y en a ; la nature de chaque pièce de terre, si elles sont en bois, vignes, prés, terres labourables, étangs; leur étendue, au moins approximative ; deux au moins de leurs tenans et aboutissans, et le nom de ceux qui les exploitent. *Ibid.*

Une copie entière du procès-verbal de la saisie immobilière est laissée, avant l'enregistrement de cet exploit, au greffier du juge de paix du canton où est situé l'immeuble saisi.

Une autre copie pareille est remise également au maire ou à l'adjoint de la commune d'où dépend l'immeuble. L'original est visé tant par le greffier de la justice de paix que par l'officier municipal ; ils doivent tous deux mentionner qu'une copie du procès-verbal de saisie leur a été laissée. *Cod. jud., art.* 676.

S'il s'agit de biens ruraux dont les divers articles sont situés en différentes communes, on s'adresse, pour remplir cette formalité, au greffier du juge de paix et au maire de la situation des bâtimens, et, s'il n'y en a pas, on se règle sur la situation de la partie des biens saisis, à laquelle la matrice du rôle des contributions foncières attribue le plus de revenus. *Ibid.*

Ces diverses remises de copies, et le visa sur l'original, par les fonctionnaires publics désignés, sont exigés, sous peine de nullité du procès-verbal de saisie. *Cod. jud., art.* 717.

MODÈLE d'un Procès-verbal de Saisie Immobilière.

« L'an mil huit cent cinq, le huit décembre, en vertu d'une obligation passée devant R,.. et son confrère, notaires à Paris, le deux octobre mil huit cent un, étant en forme exécutoire, et à la requête du sieur Etienne M...., propriétaire, demeurant à Paris, rue Saint-

Sauveur, n. 18, en continuant les poursuites commencées, par exploit de G..., huissier, le cinq novembre dernier, portant commandement au sieur Benoist D..., marchand papetier, demeurant à Melun, département de Seine et Marne, rue de l'Arquebuse, n° 9, de payer audit sieur M... la somme de deux mille six cents francs, sans préjudice d'autres dus, droits, actions, et frais d'exécution, pour les causes énoncées en l'obligation ci-dessus mentionnée; moi, Joseph A...., huissier reçu au tribunal civil d'Amiens, département de la Somme, y demeurant, rue de l'Oursine, faute par ledit sieur D. . d'avoir payé audit sieur M... ladite somme, je me suis transporté en une maison sise en ladite ville d'Amiens, faubourg du Nord, rue des Deux Portes, n° 29, où pend l'enseigne *du Grand Vainqueur.*

» Cette maison consiste en deux chambres par bas, éclairées sur la rue; une porte charretière; un portail conduisant à une cour pavée, autour de laquelle sont divers bâtimens formant, à droite, une écurie; en face, des hangards et remises; et à gauche, une grange; au milieu de la cour est un puits; le premier étage est composé de quatre chambres prenant leur jour sur la rue; au dessus des bâtimens de la cour sont des greniers.

» Ladite maison tient, d'orient, à la rue où elle a son entrée ; d'occident, à la maison du sieur E...., perruquier à Amiens, et à celle du sieur B..., marchand épicier à Amiens ; au midi, ladite maison est bornée par l'ancien cimetière de la paroisse Saint-Nicolas, et au nord, par un jardin appartenant aux mineurs F...., demeurant à Beauvais, département de l'Oise. Sur la matrice du rôle des impositions foncières de la commune d'Amiens, pour l'an mil huit cent cinq, ladite maison est imposée comme il suit :

« Maison où pend l'enseigne du *Grand » Vainqueur*, sise rue des Deux Portes, fau- » bourg du Nord, appartenant au sieur D..., » de Melun, dont le revenu est évalué six cents » francs, imposée à trente francs. »

« Etant dans ladite maison, occupée à titre de bail par le sieur C...., aubergiste, je l'ai saisie et mise sous la main de justice, comme appartenant audit sieur D...., en toute propriété, telle qu'elle se comporte et sans en rien réserver. Faute de paiement de ladite somme de deux mille six cents francs, sans préjudice des réserves ci-dessus, ladite maison sera vendue, par expropriation forcée, à l'audience du tribunal de première instance, séant à Amiens, après que les formalités exigées par la loi auront été observées, à la diligence de Mᵉ N..., avoué, qui occupera pour le requérant.

» Une copie du présent procès-verbal a été par moi remise à Mᵉ H..., greffier du juge de paix du premier arrondissement de la commune d'Amiens, lequel a visé l'original.

» Une autre copie a été également par moi remise à Mʳ O..., adjoint du maire de la commune d'Amiens, lequel a aussi visé l'original.

» Le coût du présent procès-verbal, auquel j'ai vaqué depuis dix heures du matin jusqu'à midi, est de douze francs.

» *Signé* A...., huissier.

» Visé par moi, greffier du juge de paix du premier arrondissement de la commune d'Amiens, le présent original de saisie, dont copie m'a été laissée. Ce neuf décembre mil huit cent cinq. *Signé* H..., greffier.

» Visé par nous, adjoint du maire de la commune d'Amiens; le présent original de saisie, dont copie nous a été remise. Ce dix décembre mil huit cent cinq.

« *Signé* O...., adjoint du maire. »

Entre le commandement préalable et la saisie, il s'est écoulé, comme on le voit, plus de trente jours, ainsi que la loi l'exige.

§. I I.

Des Transcriptions de la Saisie Immobilière.

Indépendamment de l'enregistrement auquel tous les actes sont assujétis pour constater leur date, un procès-verbal de saisie immobilière, sous peine de nullité, doit être transcrit sur un registre tenu à cet effet au bureau des hypothèques établi dans l'arrondissement où les biens sont situés. *Cod. jud.*, *art.* 677.

Si les objets saisis consistent en plusieurs parties situées en différens arrondissemens, la transcription du procès-verbal se fait, pour chaque article, dans le bureau de l'arrondissement où il est situé. *Ibid.*

A l'instant où un acte de saisie est présenté au bureau des hypothèques, si le conservateur n'a pas le temps de le transcrire, il fait, sur l'original de l'exploit, mention de l'heure, du jour, du mois et de l'an où on le lui remet. Cet original lui est laissé pour n'être retiré qu'après la transcription effectuée. S'il y avoit concurrence de saisie sur le même bien, la première présentée seroit seule transcrite. *Cod. jud.*, *art* 678.

De là il suit qu'un immeuble ne peut être frappé que d'une seule saisie à la fois. Lors

donc qu'il existe déjà une saisie, le conservateur des hypothèques refuse de transcrire celles
qu'on présente ultérieurement. Son refus est
par lui constaté à la marge de l'original de la
saisie postérieure, avec énonciation, 1° de la
date de la précédente; 2° des noms, professions
et demeures tant du saisissant que du saisi;
3° du tribunal qui doit en connoître; 4° du
nom de l'avoué du saisissant; 5° de la date de
la transcription faite de cette précédente saisie
au même bureau des hypothèques. *Cod. jud.*,
art. 679.

Averti de cette manière, le créancier qui a
fait la seconde saisie ne peut pas la continuer;
il n'a plus qu'à s'occuper de conserver ses
droits sur le prix de la vente, comme on le
verra par la suite.

Si la seconde saisie présentée étoit plus ample
que la première, le refus du conservateur frap-
peroit sur les objets compris dans la saisie précédente, et il enregistreroit la seconde pour
les objets nouveaux qu'elle contiendroit.

Dans quel délai une saisie immobilière doit-
elle être transcrite au bureau des hypothèques?
La loi ne le dit point; en sorte que ce délai
dépend de l'activité que le créancier met à ses
poursuites. Néanmoins, s'il tardoit plus de trois
ans, nous pensons que la saisie seroit sujette à

la péremption comme toutes les procédures dirigées devant un tribunal. Autrefois, la saisie d'un immeuble ne pouvoit plus se périmer, quand le commissaire aux saisies réelles y avoit été établi, parce qu'alors le débiteur étoit dépossédé. Aujourd'hui qu'il conserve la jouissance de sa propriété jusqu'à l'adjudication définitive, comme on le verra par la suite, rien n'empêche que les procédures, depuis la saisie jusqu'à l'expropriation achevée, ne puissent s'éteindre par l'effet de la péremption établie par le Code judiciaire.

Au reste, quel que soit le délai après lequel une saisie a été présentée au conservateur des hypothèques, il faut encore la faire transcrire sur un autre registre tenu à cet effet au greffe du tribunal où doit se faire la vente de l'immeuble saisi. Ce dernier enregistrement doit être effectué, à peine de nullité, dans la quinzaine qui suit la transcription au bureau des hypothèques, avec une augmentation d'un jour pour trois myriamètres de la distance qu'il y a entre le lieu où sont situés les biens et celui où siége le tribunal. *Cod. jud., art.* 680.

Le lieu de la situation de l'immeuble, quand ses diverses parties se trouvent en des communes différentes, est, pour le calcul de la distance dont il s'agit, celui des bâtimens ;

s'il n'y en a pas, c'est celui où est la portion dont le revenu paroît le plus considérable, d'après la matrice du rôle des impositions foncières.

Le greffier fait, sur l'original de l'exploit, mention du jour où il a effectué la transcription, afin que le saisissant ait en main la preuve qu'il a rempli cette formalité.

On ne recevroit pas, pour être transcrite au greffe, une saisie au bas de laquelle seroit le refus du conservateur des hypothèques. Mais si ce refus ne portoit que sur une partie des biens compris en cette saisie, elle seroit transcrite au greffe du tribunal, pour les objets à l'égard desquels elle auroit été transcrite au bureau des hypothèques.

MODÈLE de la Mention des Transcriptions sur l'original de la Saisie.

Le procès-verbal de saisie doit être transcrit en entier sur le registre du conservateur des hypothèques ; mais il doit faire mention de la présentation qui lui est faite de ce procès-verbal, sur l'original, en ces termes :

» Présenté au bureau de la conservation des hypothèques, à Amiens, le dix décembre mil huit cent cinq, à dix heures du matin.

Signé l..., conservateur.

Sur l'original des saisies qui lui sont présentées postérieurement à la première, le conservateur met la mention suivante :

» La présente saisie n'a point été enregistrée au bureau de la conservation des hypothèques, à Amiens, à cause d'une précédente saisie faite des mêmes biens, sur le sieur D......, marchand papetier, demeurant à Melun, département de Seine et Marne, rue de l'Arquebuse, n° 9, à la requête du sieur Etienne M..., propriétaire, demeurant à Paris, rue Saint-Sauveur, n° 18, et par exploit de A.·.., huissier, en date du huit décembre mil huit cent cinq. Cette première saisie a été présentée en ce bureau des hypothèques, à la date du dix du même mois, à dix heures du matin, et a eté transcrite au registre 3, folio 8. Il y est dit que ladite saisie est portée au tribunal de première instance, séant à Amiens, où le saisissant a constitué M° N... pour son avoué.

» Fait à Amiens, ce douze décembre mil huit cent cinq. » *Signé* I..., conservateur. »

Si l'une des saisies présentées postérieurement étoit plus ample que la première, elle seroit transcrite pour les objets excédens ; et le refus ne tomberoit que sur ceux déjà saisis ; ce qui seroit exprimé ainsi :

« La présente saisie n'a été transcrite au bureau des hypothèques, à Amiens, à la date du sa présentation au registre 3, folio 19, que pour ce qui concerne le jardin situé à Amiens, rue des Amandiers, n° 17; à l'égard de la maison où pend l'enseigne du *Grand Vainqueur*, ladite saisie a été refusée, à cause d'une précédente faite des mêmes objets, sur le sieur D..., etc. »

Le surplus du refus s'énonce comme dans l'exemple précédent.

A l'égard de la transcription qui est faite au greffe du tribunal, la loi n'exige pas que mention en soit faite sur l'original du procès-verbal de la saisie ; mais elle est nécessaire pour prouver que la formalité a été remplie. En conséquence, il suffit de la rédiger ainsi :

« La présente saisie a été transcrite au greffe du tribunal de première instance d'Amiens, ce vingt-deux décembre mil huit cent cinq.

» *Signé* K..., greffier. »

§. III.

De la Dénonciation de la Saisie immobilière.

Pour saisir des immeubles, l'huissier se transporte sur les lieux où ils sont situés, afin de les désigner convenablement ; mais le propriétaire bien souvent n'y a pas sa demeure. De là vient la nécessité de lui faire savoir que, faute par lui d'avoir satisfait au commandement préalable, les biens ont été saisis, comme on l'en avoit menacé par ce même commandement.

C'est pourquoi la saisie doit être dénoncée au débiteur, à peine de nullité, par exploit donné à personne ou domicile, dans le délai de quinzaine, à compter de la transcription faite au greffe du tribunal ; ce délai est augmenté d'un jour par trois myriamètres, pour la distance qui se trouve entre la demeure du saisi et la situation des biens mis sous la main de justice. *Cod. jud.*, *art.* 681.

Que l'huissier, en signifiant cette dénonciation, ait parlé ou non au débiteur, ou à quelqu'un pour lui, l'original de l'exploit n'en doit pas moins être visé dans les vingt-quatre heures, sous peine de nullité, par le maire ou l'adjoint de la commune dans laquelle le débiteur a son domicile. *Ibid.*

Cet exploit de dénonciation doit contenir la date de la première publication qui aura lieu et dont on parlera bientôt ; il doit aussi être enregistré au bureau des hypothèques, dans la huitaine, à compter du visa donné par le maire ou adjoint, en y ajoutant un jour par trois myriamètres, pour la distance qu'il y a du domicile du saisi, au lieu où est établi le bureau des hypothèques. *Ibid.*

En marge de la transcription qui a été faite de la saisie dans ce même bureau , doit être mentionnée la dénonciation. *Cod. jud., art.* 681.

Si , à raison de la situation des divers objets mis sous la main de justice , la saisie a été transcrite dans différens bureaux d'hypothèque, comme on l'a expliqué au paragraphe précédent, la dénonciation sera susceptible du même nombre d'enregistrement, dans les mêmes bureaux ; alors l'augmentation du délai de huitaine , à raison de la distance , sera calculée séparément pour chaque bureau.

Ainsi , une portion des biens saisis est-elle située dans un arrondissement dont le bureau des hypothèques est à trois myriamètres du domicile du saisi? la dénonciation sera enregistrée à ce bureau, dans le délai de huitaine, plus un jour d'augmentation. Une autre portion des biens saisis est-elle dans un arrondissement dont le bureau des hypothèques est placé à six myriamètres du domicile du saisi? la même dénonciation sera enregistrée à cet autre bureau , dans le délai de huitaine, plus deux jours d'augmentation.

Ces détails sont d'autant plus nécessaires, que les formalités de la dénonciation sont prescrites à peine de nullité de la saisie. *Cod. jud., art.* 717.

MODÈLE de la Dénonciation de la Saisie immobilière.

L'huissier commence par copier le procès-verbal de saisie, les visa, les mentions des transcriptions faites tant au bureau des hypothèques, qu'au greffe du tribunal ; après quoi, il dresse ainsi son exploit de dénonciation.

« L'an mil huit cent six, le onze février, à la requête du sieur Etienne M..., propriétaire, demeurant à Paris, rue Saint-Sauveur, n° 18 ; moi, François G..., huissier reçu au tribunal civil de Melun, département de Seine et Marne, y demeurant, rue du Vieux Port, n° 57, j'ai dénoncé au sieur Benoist D..., marchand papetier, demeurant à Melun, rue de l'Arquebuse, n° 9, l'acte ci-dessus transcrit contenant la saisie immobilière faite sur lui par exploit de A..., en date du huit décembre présente année, d'une maison sise à Amiens, département de la Somme, rue des Deux Portes, n° 29, faubourg du Nord, et où pend l'enseigne du *Grand Vainqueur.*

» En conséquence, j'ai déclaré audit sieur D.., 1° qu'il est établi par la loi séquestre judiciaire de ladite maison et dépendances, si elle n'est pas louée pour bail d'une date certaine ; 2° que la première publication aura lieu à l'audience du même tribunal, le dix-huit mars prochain.

» Copie tant du procès-verbal de la saisie ci-dessus mentionnée, que de la présente dénonciation, a été laissée par moi au domicile dudit sieur D..., en parlant à une fille qui m'a dit être sa domestique.

» L'original du présent acte a été visé par Mr Q..., maire de la ville de Melun.

Signé A..., huissier.

» Visé par nous, maire de la ville de Melun, le présent original d'exploit. A Melun, ce douze février mil huit cent six. » Signé Q..., maire.

» La présente dénonciation a été enregistrée au bureau des hypothèques, à Amiens, et mention en a été faite en marge de la transcription qui y a été effectuée, de la saisie immobilière dont il s'agit, le dix décembre dernier, sur le registre 3, folio 8.

» Fait à Amiens, ce vingt-quatre février mil huit cent six.   Signé I..., conservateur. »

CHAPITRE II.

Des Effets de la Saisie immobilière.

Après la saisie d'un immeuble, on établissoit autrefois un commissaire chargé de régir et administrer le bien, au nom de la justice. D'abord, on confia cette charge à celui que l'huissier nommoit. Par la suite, il fut créé, pour chaque juridiction, un commissaire aux saisies réelles ; et c'étoit à lui exclusivement que les biens-fonds saisis étoient remis en garde. Dès que ce commissaire étoit établi, soit par le procès-verbal de saisie, soit par un exploit postérieur, le propriétaire de l'objet saisi étoit dépossédé, tous ses droits sur l'immeuble étoient exercés par le commissaire, jusqu'à la vente.

Aujourd'hui la partie saisie reste en possession jusqu'à ce que l'exproprriation soit effectuée ; il n'y a donc ni gardien ni commissaire à établir. Mais les effets de cette possession pendant la saisie sont modifiés selon les circonstances.

Ou bien l'immeuble, lors de la saisie, est régi par le propriétaire, ou bien il est affermé. Ces deux cas seront examinés dans les deux premiers paragraphes ; un troisième parlera de la vente que le propriétaire fait de son immeuble pendant la saisie. Enfin, dans un quatrième, nous verrons le cas où le bien saisi est en état de produire, en une année, de quoi payer la dette.

§. Ier.

Du Cas où l'immeuble saisi n'est pas loué ou affermé.

Au moment où un immeuble est mis sous la main de la justice, s'il n'est pas loué ou affermé, et conséquemment si c'est le débiteur qui le régit ou l'habite, il en conserve la possession jusqu'à la vente ; c'est lui qui est le séquestre judiciaire de la propriété saisie sur lui. *Cod. jud.*, *art.* 688.

Par cette disposition, la loi n a entendu donner à la saisie immobilière d'autre effet que de frapper sur la propriété, et non sur la jouissance. Depuis le jour de la saisie jusqu'à la vente, le débiteur perçoit donc les fruits de son bien, et en dispose comme de chose à lui appartenante.

Mais, dira-t-on, le Code est donc plus favorable au débiteur que ne l'étoit l'ancienne loi? Non; car la saisie immobilière ne portoit autrefois que sur la propriété, comme aujourd'hui. Pour priver le débiteur de la perception des fruits, il falloit établir un commissaire : sans cela, il n'étoit pas dépossédé. Mais l'abus qui en résultoit par les frais auxquels cette formalité donnoit lieu, le peu d'utilité qu'en retiroient les créanciers ; enfin, comme la ruine du débiteur en étoit souvent la suite, le Code l'a supprimée ; il a décidé que, pour s'assurer des fruits de l'immeuble devenu leur gage, les créanciers avoient la faculté de les faire couper et vendre, comme une suite nécessaire de la saisie. *Cod. jud.*, *art.* 688.

Si donc les procédures d'une saisie duroient assez de temps pour que plusieurs saisons de fruits arrivassent, les créanciers pourroient, à chaque époque, s'en emparer, pour les faire vendre, soit sur pied, soit après leur récolte.

Au reste, si la faculté de disposer des fruits, à mesure qu'ils mûrissent, n'étoit pas une précaution suffisante pour la sûreté des créanciers, l'un d'eux pourroit adresser ses réclamations au tribunal; selon les circonstances, on laisseroit au débiteur saisi la possession de l'immeuble, ou bien il seroit privé, ou enfin telles autres mesures convenables seroient ordonnées. *Cod. jud., art.* 688.

De là il résulte que, si le tribunal, sur la réclamation d'un ou plusieurs créanciers, ne dispose pas expressément de la possession de l'immeuble saisi, elle reste entre les mains du débiteur, qui, par l'effet de la saisie, est devenu séquestre judiciaire, sans qu'il soit besoin de commissaire aux saisies, ni de bail judiciaire.

Qui donc recevra ce qui peut être dû à cause du bien saisi? Qui donc paiera les charges que ce même bien peut devoir? Qui donc enfin fera faire les réparations, s'il en survient? Autrefois, le commissaire aux saisies étoit tenu de tous ces soins; et c'est parce qu'il s'en acquittoit d'une manière trop onéreuse, qu'on a supprimé ses fonctions. Le propriétaire est encore plus propre à veiller à l'immeuble, quoiqu'on ne puisse pas espérer de lui le même soin qu'avant la saisie.

Lorsqu'on ne lui laisse pas percevoir assez de fruits pour subvenir aux besoins de l'immeuble, il se fait autoriser à prélever sur le prix de la vente des fruits ce qui est nécessaire pour acquitter les charges et faire les réparations.

Suppose-t-on que le débiteur néglige ces divers soins? les créanciers ont toujours le droit de faire ordonner ce qui est utile à la bonne administration et à la conservation de l'objet saisi.

Ajoutez que la loi, en constituant le débiteur comme séquestre judiciaire de sa propriété saisie, l'oblige à y veiller, sous les peines auxquelles tous dépositaires de justice sont tenus; ce qui entraîne nécessairement la contrainte par corps.

C'est sur ce fondement, qu'il est défendu au débiteur de faire aucune coupe de bois, ni dégradation, sur son immeuble saisi, à peine de dommages - intérêts auxquels il sera condamné par corps, et même à peine d'être poursuivi par la voie criminelle, suivant la gravité des circonstances. *Cod. jud.*, *art.* 690.

Avec ces précautions, les frais de saisie immobilière sont beaucoup moins considérables, le bien saisi est mieux conservé.

§. II.

Du Cas où l'Immeuble est loué ou affermé.

Lorsque le bien saisi est loué ou affermé, on distingue si le bail a une date certaine avant le commandement préalable, ou si sa date n'est que postérieure.

Dans le premier cas, le bail est maintenu, et les créanciers ont la ressource de saisir-arrêter les loyers ou fermages. *Cod. jud., art.* 691.

Au second cas, lorsque le bail est fait postérieurement au commandement préalable, ou, lorsqu'étant fait avant, sa date n'est devenue certaine que postérieurement, les créanciers peuvent en demander la nullité ; mais elle ne peut être provoquée, ni par le débiteur, ni par le fermier ou locataire. *Ibid.*

Quand les créanciers jugent convenable à leurs intérêts de laisser subsister le bail, ils se contentent de saisir-arrêter les fermages ou loyers. Ont-ils, au contraire, obtenu la nullité du bail ? ils peuvent faire la coupe et la vente des fruits pendans par les racines.

Celui à qui le bien a été adjugé lors de la

vente, peut également demander la nullité d'un pareil bail ; mais, dès le moment qu'il est devenu propriétaire de l'immeuble, il est libre d'exécuter le bail d'une date incertaine ou postérieure au commandement préalable, et le locataire est tenu de s'y soumettre. *Cod. jud. art.*691.

§. III.

Du Cas où le Saisi vend son Immeuble.

On a vu que le débiteur saisi devient séquestre judiciaire de la propriété de son immeuble mis sous la main de justice. Il ne peut donc plus disposer de cette propriété, quoiqu'il en conserve la possession, et qu'il en perçoive les fruits. C'est pourquoi il est défendu au débiteur de vendre son immeuble, à compter du jour où la saisie lui en a été dénoncée. *Cod. jud., art.* 692.

Autrefois que la garde du bien saisi étoit confiée à un commissaire, le débiteur pouvoit vendre ce bien tant qu'il n'y avoit pas de bail judiciaire. Mais, comme il n'y a plus lieu à cette espèce de bail, la faculté que le débiteur a de vendre sa propriété, cesse du jour où la saisie lui en a été dénoncée. Il ne seroit même pas besoin de faire prononcer la nullité de la vente qui auroit été consentie en contravention à cette défense; une pareille vente seroit nulle de plein droit. *Cod. jud.*, *art.* 692.

Néanmoins, cette incapacité du débiteur n'est occasionnée que par la saisie; en sorte que, s'il disposoit de son immeuble, de telle manière que les créanciers dont ce bien est le gage fussent désintéressés, il seroit juste de donner à la vente tout son effet. C'est aussi ce que décide la loi; elle approuve l'aliénation de l'immeuble saisi, lorsque l'acquéreur a déposé somme suffisante pour acquitter, en principaux, intérêts et frais, toutes les créances inscrites au bureau des hypothèques sur l'objet vendu. Pour que le dépôt soit valable, il doit être réalisé, et signifié aux créanciers inscrits, avant l'adjudication définitive. *Cod. jud.*, *art.* 693.

Si l'acquéreur avoit emprunté les deniers ainsi déposés, le prêteur auroit hypothèque seulement après les créanciers inscrits, dont l'acquittement peut seul opérer la validité de l'acquisition. *Ibid.*

Cette bienveillance de la loi, envers le débiteur qui vend l'objet saisi, ne doit pas tourner en abus; c'est ce qui arriveroit si, sous prétexte que le dépôt exigé va bientôt s'effectuer, on pouvoit ralentir les poursuites, et différer l'adjudication définitive. Voilà pourquoi il est dit que, faute d'avoir fait le dépôt avant le jour indiqué pour l'adjudication, elle ne pourra être retardée, quel que soit le motif qui ait empêché de désintéresser jurqu'alors les créanciers inscrits. *Cod. jud.*, *art.* 694.

§. I V.

Du Cas où les Revenus de l'Immeuble, pendant une année, suffisent à l'acquittement des dettes.

L'expropriation forcée est une voie si rigoureuse, que tout ce qui peut l'éviter, sans préjudicier aux créanciers, est adopté par la loi. On en a vu un exemple dans le paragraphe précédent, en parlant du cas où la vente que fait le débiteur, malgré la saisie, est valable : le Code civil, en l'*art.* 2212, en fournit un second.

Les procédures d'une saisie immobilière, quelle que soit l'activité du poursuivant, entraînent souvent plus d'une année; refuser au débiteur le terme d'une année, pour faire cesser les causes de la saisie, seroit donc une dureté peu utile aux créanciers.

Cette faveur s'accorde seulement quand il y a évidence que, pendant le délai d'un an, l'immeuble produira somme suffisante pour acquitter tout ce qui est dû. A cet effet, le débiteur, par des baux authentiques, doit prouver que le revenu net et libre de l'immeuble saisi suffit, pendant une année, pour le paiement de la dette en capital, intérêts et frais. *Cod. civ.*, *art.* 2212.

Ce n'est pas assez; le débiteur doit encore offrir à son créancier la délégation de ce même revenu : sans cette dernière condition, le saisissant ne seroit pas assuré que le prix des baux lui seroit remis. *Ibid.*

Quand ces circonstances se réunissent, les juges peuvent ordonner que les poursuites seront suspendues jusqu'à l'entière exécution de la délégation. Il est réservé toutefois au saisissant la faculté de reprendre la procédure, s'il survient quelqu'obstacle au paiement des sommes déléguées. *Ibid.*

Comme une pareille indulgence est fondée sur la certitude que le produit net d'une année peut suffire à l'acquittement de la dette, il en résulte que, quand même des baux authentiques promettroient un prix satisfaisant, la suspension des poursuites ne seroit pas accordée, s'il étoit constant que les locataires ou fermiers ne sont pas solvables.

Par la même raison, le débiteur ne seroit pas écouté à réclamer le sursis d'un an, si son immeuble n'étoit pas loué ou affermé : inutilement établiroit-il que les fruits de l'année courante seront plus que suffisans pour solder les causes de la saisie. En effet, quelque apparence qu'il y ait d'une bonne récolte, elle laisse toujours de l'incertitude jusqu'à ce qu'elle ait été faite et vendue.

Au reste, la loi, en disant que les juges peuvent, dans le cas prévu, suspendre les poursuites, laisse à leur prudence de se déterminer, suivant les circonstances, en faveur du saisi, ou du saisissant.

CHAPITRE III.

Procédures pour parvenir à la vente.

Cinq formalités sont nécessaires pour parvenir à vendre l'immeuble saisi : des annonces, des placards, une notification aux créanciers inscrits, un cahier des charges et des publications ; on va les faire connoître dans les cinq paragraphes suivans.

§. Ier.

Des Annonces.

Comme il est intéressant, pour toutes les parties, que l'immeuble saisi soit vendu avantageusement, la loi a voulu que tous les moyens de faire venir des enchérisseurs fussent employés. Le premier est de prévenir le public par des annonces qui s'exposent dans l'auditoire, et sont insérées dans les journaux, comme nous allons l'expliquer.

On a vu que la saisie immobilière doit être transcrite, dans un certain délai, sur un registre, au greffe du tribunal où doit se faire la vente; or, dans les trois jours de cette formalité, le greffier dresse un extrait du procès-verbal de saisie, et l'expose en un tableau placé à cet effet dans l'auditoire. *Cod. jud.*, *art.* 682.

Le même article dit que cet extrait doit contenir :

1º La date de la saisie et des divers enregistremens;

2º Les noms, professions et demeures tant du saisi que du saisissant et de son avoué;

3º Les noms de l'arrondissement, de la commune, et de la rue où est situé le bien saisi, quand c'est une maison.

S'il s'agit de biens ruraux, l'extrait contient leur désignation sommaire, les noms des communes et des arrondissemens où chaque partie est située.

Chaque article contient seulement la nature et la quantité des objets, ainsi que les noms de ceux qui les exploitent.

Si plusieurs portions des immeubles saisis, quoique situées dans la même commune, sont exploitées par plusieurs personnes différentes, il faut en faire autant d'articles qu'il y a d'exploitations séparées.

4° Le même extrait indique le jour où doit se faire la première publication, dont on parlera par la suite ;

6° Les noms des maires et greffiers de juges de paix, auxquels des copies du procès-verbal de saisie auront été laissées, doivent y être mentionnés.

L'extrait composé, comme on vient de le dire, outre qu'il est placé au tableau, dans l'auditoire, par le greffier, doit aussi, à la diligence du saisissant, être inséré dans celui des journaux qui est destiné à recevoir ces sortes d'annonces, et qui est imprimé dans le lieu où siége le tribunal devant lequel la saisie se poursuit. *Cod. jud., art.* 683.

S'il n'existe pas de journal de cette nature, l'annonce dont il s'agit est faite par l'un des journaux qui s'impriment dans le département. Au reste, on seroit dispensé de cette formalité, s'il ne se faisoit point de journal de cette espèce dans tout le département. *Ibid.*

Le placement de l'extrait du procès-verbal de saisie dans l'auditoire étant confié au greffier, cette formalité est suffisamment constatée par la mention qu'il en fait au bas de la pièce même exposée au tableau.

A l'égard de l'insertion de la même annonce dans l'un des journaux, elle est justifiée par un exemplaire de la feuille contenant l'extrait dont il s'agit; cet exemplaire est revêtu de la signature de l'imprimeur; la signature de celui-ci est légalisée par le maire de sa commune. *Cod. jud., art.* 683.

La formalité de l'annonce au tableau de l'auditoire, et dans l'un des journaux, quand il y en a, est ordonnée sous peine de nullité. *Cod. jud., art.* 717.

Les annonces sont rédigées dans les mêmes termes que les placards; voyez donc le modèle qui est au paragraphe suivant.

§. II.

Des Placards.

Tous ceux qui sont dans la possibilité d'acquérir l'immeuble saisi ne vont pas dans la salle d'audience; souvent aussi ils ne lisent pas les journaux. C'est pourquoi la loi exige encore que l'extrait de la saisie, tel qu'on l'a expliqué dans le paragraphe précédent, soit rendu public par des placards imprimés. *Cod. jud., art.* 684.

Sur le nombre des placards, et les places où il faut les attacher, on doit suivre ce qui est ordonné par le même article : il veut que des placards imprimés soient affichés :

1o A la porte du domicile de la partie saisie;

2º A la principale porte des édifices saisis, quand il y a des bâtimens parmi les objets mis sous la main de justice ;

3º A la place principale de la commune où la partie saisie est domiciliée ;

4º A la place principale de la commune où les biens sont situés ; en sorte que, s'il s'en trouvoit sur plusieurs communes, il faudroit des placards dans chacune des principales places de ces communes ;

5º A la place principale de la commune où siége le tribunal devant lequel se font les poursuites ;

6º Au principal marché des communes dont on vient de parler ; si , dans les communes désignées, il n'y a pas de marché, on affiche aux deux marchés les plus voisins ;

7º A la porte de l'auditoire du juge de paix de la situation des bâtimens du domaine saisi ; et, s'il n'y a pas de bâtimens , la vente sera affichée à la porte de l'auditoire de la justice de paix où se trouve située la majeure partie des objets saisis ;

8º A la porte extérieure du tribunal du domicile du saisi ;

9º A la porte extérieure du tribunal de la situation des biens ;

10º Enfin , à la porte extérieure du tribunal où la vente est poursuivie.

L'intention de la loi étant de donner la plus grande publicité à la vente, on conçoit que les difficultés qui se présenteroient sur le placement des placards doivent toujours s'interpréter en faveur du plus grand nombre d'affiches ; c'est un de ces cas où non seulement ce qui abonde ne vicie pas, mais encore devient utile.

Pour constater que les placards ont été affichés dans tous les lieux désignés, un huissier, sans être assisté de témoins, dresse son procès-verbal d'apposition, auquel l'exemplaire imprimé du placard est annexé. Par cet exploit, il doit se contenter d'attester simplement que la vente a été affichée dans les lieux désignés par la loi ; le détail de ces mêmes lieux ne doit pas être fait ; comme aussi, sur les exemplaires des placards affichés, on ne met pas la copie du procès-verbal de leur apposition. *Cod. jud.*, *art.* 685.

Toujours, dans la même intention de réduire les frais, la loi défend de mettre en écriture dite *grosse*, sous aucun prétexte, soit le placard, soit le procès - verbal d'apposition. *Cod. jud.*, *art.* 686.

L'original de ce procès-verbal doit être visé par le maire de chacune des communes dans lesquelles la vente est affichée. Ce même procès-verbal, avec copie du placard, est notifié au débiteur saisi, par exploit donné à personne ou domicile. *Cod. jud.*, *art.* 687.

Ce qui concerne le contenu aux placards, leur apposition, les lieux où ils doivent être apposés, est exigé à peine de nullité. *Cod. jud.*, *art.* 717.

MODÈLE *d'Annonces et de Placards.*

MAISON À VENDRE PAR EXPROPRIATION FORCÉE.

« Cette maison est sise à Amiens, département de la Somme, rue des Deux Portes, n. 29, faubourg du Nord; elle a pour enseigne le *Grand Vainqueur*, et est louée au citoyen C..., aubergiste.

» La saisie en a été faite sur le sieur Benoît D..., marchand papetier, demeurant à Melun, département de Seine et Marne, rue de l'Arquebuse, n° 9, par exploit de A..., huissier, le huit décembre dernier, à la requête du sieur Étienne M..., propriétaire, demeurant à Paris, rue Saint-Sauveur, n° 18.

» Une copie de l'exploit de saisie a été remise au greffier du juge de paix du premier arrondissement de la ville d'Amiens; et une autre copie à M. O..., adjoint du maire de la même ville.

» Cette saisie a été transcrite au bureau de

la conservation des hypothèques à Amiens, le dix décembre présent mois, registre 3, folio 8.

» Pareille transcription a été faite au greffe du tribunal de première instance d'Amiens, le vingt-deux du même mois.

» La première publication aura lieu à l'audience des criées du même tribunal, le dix-huit mars prochain.

» Me N..., avoué, demeurant à Amiens, rue de l'Horloge, n° 8, est chargé d'occuper pour le saisissant. »

Quand cette annonce est placée, par le greffier, au tableau de l'auditoire, il met au bas :

« Le présent extrait a été exposé au tableau, dans l'auditoire du tribunal, ce vingt-cinq décembre mil huit cent cinq,

» Signé K...., greffier. »

La même annonce est mise dans les journaux, par les soins du poursuivant.

C'est aussi cette annonce qui est imprimée en forme de placards.

Quand il s'agit de la seconde annonce à insérer dans les journaux, et dont on parlera dans la suite, au lieu du jour de la première publication, on indique celui de l'adjudication préparatoire, en ces termes :

« L'adjudication préparatoire se fera à l'audience des criées du même tribunal, le quinze du présent mois de mai, sur la mise à prix de douze mille francs. »

A l'égard de la troisième annonce dont on parlera aussi, elle indique le jour de l'adjudication définitive, et le prix auquel a été faite l'adjudication préparatoire, comme il suit :

« L'adjudication définitive se fera à l'audience des criées du même tribunal, le huit juillet prochain, sur l'enchère de quinze mille francs, prix de l'adjudication préparatoire. »

Ces mêmes additions ont lieu pour les seconds et troisièmes placards imprimés ; elles s'y font en écriture manuscrite.

MODELE d'un Procès-verbal d'apposition de Placards.

« L'an mil huit cent six, le treize février, à la requête du sieur M..., propriétaire, demeurant à Paris, rue Saint-Sauveur, n. 18 ; moi, Joseph A..., huissier reçu au tribunal civil d'Amiens, département de la Somme, y demeurant, rue de l'Oursine, déclare que des exemplaires du placard annexé au présent acte, ont été, en ma présence, aujourd'hui, par Michel V..., afficheur, demeurant à Amiens, rue du Coq, affichés dans les différens lieux indiqués par la loi.

» De cette première apposition de placards ;

j'ai dressé le présent procès-verbal, dont l'original a été visé par M. le maire de la commune d'Amiens. *Signé* A..., huissier.

» Visé par nous maire de la commune d'Amiens, le présent original, ce treize février mil huit cent six. *Signé* R..., maire. »

A ce procès-verbal doit être joint un exemplaire du placard, au bas duquel l'huissier fait la mention suivante :

« Le présent exemplaire des placards, pour la vente de la maison dont il y est parlé, a été annexé au procès-verbal par moi dressé aujourd'hui treize février mil huit cent six, pour constater la première apposition desdits placards, dans l'arrondissement du tribunal civil d'Amiens.

» Fait à Amiens, lesdits jour et an.

» *Signé* A..., huissier. »

1. Comme la loi veut que des placards soient apposés dans le lieu où demeure le saisi, il faut qu'un huissier, ayant droit d'exploiter à Melun, dresse un pareil procès-verbal; et, quand il en sera à ces mots : *déclare que ce placard*, etc., il continuera en ces termes :

« Déclare que des exemplaires du placard annexé au présent acte ont été, en ma présence, aujourd'hui, par Nicolas S..., afficheur, demeurant à Melun, rue Saint-Lazare, affichés en la commune de Melun, dans les différens endroits indiqués par la loi, à raison du domicile du sieur Benoît D..., marchand papetier, dans ladite commune, rue de l'Arquebuse, n° 9.

» De l'apposition desdites affiches, j'ai dressé le présent procès-verbal, dont l'original a été visé par M. le maire de Melun.

» *Signé* G..., huissier.

» Visé par nous, maire de la commuue de Melun, le présent original, ce dix-sept février mil huit cent six.   *Signé* Q..., maire. »

A ce procès-verbal doit être joint un exemplaire du placard, au bas duquel l'huissier fait mention que ledit exemplaire a été annexé à son procès-verbal, comme on vient de le dire plus haut.

MODÈLE de la Notification du Procès-verbal d'apposition de Placards.

L'huissier, au bas d'un exemplaire du placard, transcrit le procès-verbal d'apposition à Amiens, et celui d'apposition à Melun ; après quoi, il dresse son exploit comme il suit :

« L'an mil huit cent six, le dix-neuf février, à la requête du sieur Etienne M..., propriétaire, demeurant à Paris, rue Saint-Sauveur, n° 18; moi, François G..., huissier reçu au tribunal civil de Melun , département de Seine et Marne, y demeurant, rue du Vieux Port, n° 57 , j'ai signifié et donné copie au sieur Benoît D..., marchand papetier, demeurant à Melun, rue de l'Arquebuse, n° 9, en parlant, dans son domicile, à une femme qui m'a dit être son épouse, 1° du placard, dont copie est ci-dessus ; 2° d'un exploit également ci-dessus transcrit, fait par A..., huissier, en date du treize de ce mois , et contenant procès-verbal de la première apposition dudit placard dans l'arrondissement du tribunal civil d'Amiens , aux lieux indiqués par la loi , en raison de la situation de l'objet saisi , et du tribunal où les poursuites sont faites ; 3° d'un autre exploit de moi, huissier, en date du dix-sept du présent mois , et constatant que la première apposition dudit placard a été faite dans la commune de Melun, aux lieux désignés par la loi , à raison du domicile de la partie saisie.

» En conséquence, j'ai laissé un exemplaire imprimé dudit placard , au bas duquel est copie desdits procès-verbaux et de la présente notification, audit sieur D..., en son domicile , et parlant comme dessus, afin qu'il n'en ignore.

» *Signé* G..., huissier. »

§. I I I.

De la Notification aux créanciers inscrits.

Lorsque, sur l'immeuble saisi, il y a des inscriptions hypothécaires prises par des créanciers, autres que le saisissant, celui-ci doit les prévenir de ses poursuites. Pour cela, il fait notifier à chacun un exemplaire imprimé du placard ; ce qui s'exécute par un huissier qui met copie de son exploit de dénonciation au bas de l'exemplaire qu'il laisse au domicile élu par chaque inscription. *Cod. jud.*, *art.* 695.

Cette signification doit précéder de huit jours francs au moins la première publication, dont on parlera bientôt. A ce délai de huitaine on ajoute un jour, par trois myriamètres, pour la distance qu'il y a entre le domicile élu de l'inscription, et le tribunal où se fait la vente. *Ibid.*

La notification faite aux créanciers inscrits doit être enregistrée au même bureau des hypothèques, en marge de la saisie qui y a été transcrite. *Cod. jud.*, *art.* 696.

Du jour que la notification faite aux créanciers a été enregistrée au bureau des hypothèques, ils sont devenus parties dans l'instance ; et la saisie ne peut plus être rayée sans leur consentement, ou sans un jugement rendu contre eux. *Cod. jud.*, *art.* 696.

De là il suit nécessairement que le poursuivant, avant cet enregistrement, est libre de renoncer à sa saisie, par suite d'arrangemens pris avec le débiteur. Mais aussitôt que la dénonciation des poursuites a été consignée sur le registre des hypothèques, rien ne peut plus être réglé avec le débiteur, sans le concours des créanciers inscrits.

Les formalités de la dénonciation aux créanciers sont prescrites à peine de nullité. *Code jud.*, *art.* 717.

MODELE de la Notification aux Créanciers inscrits.

Au bas d'un exemplaire imprimé du placard, l'huissier dresse son exploit de dénonciation, en ces termes :

« L'an mil huit cent six, le six mars, à la requête du sieur Etienne M..., propriétaire, demeurant à Paris; moi, Joseph A..., huissier reçu au tribunal civil d'Amiens, département de la Somme, y demeurant, rue de l'Oursine, je me suis transporté chez Me. T..., avoué au tribunal civil d'Amiens, y demeurant, rue des Trois Femmes, n. 7, en la demeure duquel a élu son domicile le sieur Grégoire Z..., marchand épicier, demeurant à Beauvais, département de l'Oise, par son inscription prise au bureau des hypothèques, à Amiens, sur le sieur Benoît D..., marchand papetier, demeurant à Melun, département de Seine et Marne; j'y ai dénoncé audit sieur Z... le placard imprimé ci-dessus, contenant l'annonce de la saisie immobilière faite par ledit sieur D..., par exploit de moi, huissier, en date du huit décembre dernier, et l'indication de la première publication, qui en sera faite à l'audience des criées du tribunal civil d'Amiens, le dix-huit du présent mois.

» En conséquence, avec copie du présent acte de dénonciation, j'ai laissé un exemplaire dudit placard imprimé audit sieur Z...., à son domicile élu, en parlant à un clerc dudit M. T....   *Signé* A...., huissier.

» La présente dénonciation a été enregistrée au bureau de la conservation des hypothèques, à Amiens, le huit mars mil huit cent six.

      » *Signé* I..., conservateur. »

§. IV.

Du Cahier des charges.

Quand les formalités des annonces, des placards et de la dénonciation ont été remplies, le poursuivant met au greffe un acte d'avoué, que l'on nomme *Cahier des charges*, parce qu'il indique les charges auxquelles est faite la vente. Suivant l'*art.* 697 du Code judiciaire, le cahier des charges doit contenir :

1° L'énonciation du titre en vertu duquel on procède ;

2° L'énonciation du commandement préalable qui a commencé les poursuites ;

3° L'énonciation du procès-verbal de saisie ;

4° L'énonciation des actes ou jugemens qui ont pu être faits ou rendus pendant les poursuites ;

5° La désignation des objets à vendre, telle qu'elle se trouve dans le procès-verbal de saisie;

6° Les conditions de la vente ;

7° Une mise à prix de la part du poursuivant, ou, autrement dit, la première enchère à laquelle il porte les biens saisis.

Observez d'abord qu'il ne s'agit que de l'énonciation du titre de créance, de l'exploit de saisie, du commandement, des actes et jugemens qui ont pu suivre ; par conséquent il ne faut pas que l'enchère contienne des copies de ces différens actes ; ce seroit multiplier les frais contre le vœu de la loi.

Remarquez, en second lieu, que l'enchère doit être mise au greffe par le poursuivant, au moins quinze jours avant la première publication dont on parlera dans le paragraphe suivant. Il faut que tous ceux à qui il conviendroit d'acquérir l'immeuble, et qui sont avertis par les annonces et placards, aient le temps de prendre au greffe communication des conditions de la vente, et les renseignemens qui leur sont nécessaires.

Pareillement il est raisonnable de laisser aux parties intéressées le temps de préparer leurs observations. Lorsqu'il en survient, elles sont proposées à l'audience; et si elles sont accueillies, le greffier les écrit à la suite de l'enchère et sur le même cahier. *Cod. jud., art.* 699; sous peine de nullité, *art.* 717.

Enfin, la mise à prix de l'immeuble par le poursuivant, l'oblige à en devenir adjudicataire pour la somme par lui fixée, dans le cas où il ne se présenteroit pas des surenchérisseurs lors de l'adjudication. Cette disposition est nouvelle; mais elle a paru nécessaire pour assurer que l'immeuble sera vendu, et qu'on ne sera pas obligé de prolonger les procédures, comme il arrivoit quelquefois, quand on ne trouvoit pas d'enchérisseur. *Cod. jud., art.* 698.

MODELE du Cahier des Charges.

» M⁰ N..., avoué du sieur Étienne M..., propriétaire, demeurant à Paris, rue Saint-Sauveur, n° 8, déclare que ledit sieur M... est créancier du sieur Benoît D, marchand papetier, demeurant à Melun, département de Seine et Marne, n° 9, pour une somme de deux mille six cents francs, en vertu d'une obligation passée devant notaires à Paris, le deux octobre mil huit cent un.

» En conséquence, il a fait faire, par exploit du cinq novembre dernier, commandement préalable audit sieur D.... de payer ladite somme, sans préjudice des autres dus, droits, actions, intérêts et frais d'exécution.

» Par procès-verbal de A...., huissier, en date du huit décembre dernier, il a fait saisir, sur ledit sieur D..., une maison sise à Amiens, département de la Somme, rue des Deux Portes, n° 29, faubourg du Nord, et où pend l'enseigne du *Grand Vainqueur*.

» Le sept février dernier a été rendu un jugement au tribunal de première instance, séant à Amiens, entre le poursuivant et le sieur Z..., marchand épicier à Beauvais, département de l'Oise, créancier inscrit sur ladite maison, au bureau des hypothèques, à Amiens, d'une part; contre ledit sieur D...., d'autre part : ce jugement, dûment signifié par exploit du dix du même mois, déclare ladite saisie bonne et

valable, et ordonne la continuation des poursuites, avec dépens.

» Pour continuer les procédures commen-
cées, ledit Me N.... enchérit la propriété entière de ladite maison, circonstances et dépendances, sans en rien excepter, pour être prise
par l'adjudicataire dans l'état où elle se trouvera
lors de l'adjudication, et en outre aux charges
et conditions suivantes :

» 1°. L'adjudicataire acquittera, sans dimi-
nution du prix de l'adjudication, les sommes
qui pourront être dues, tant pour le passé que
pour l'avenir, à raison de toute espèce d'impositions quelconques qui sont ou pourront être
affectées sur ladite maison.

» 2°. Il souffrira les jours, tels qu'ils sont
établis actuellement, au profit de la propriété
voisine, du côté de l'occident, et appartenant
aujourd'hui au sieur X..., perruquier à Amiens.

» 3°. Il paiera, outre le prix de l'adjudication, à l'avoué poursuivant, dans la huitaine
de l'adjudication, tous les frais ordinaires de
poursuite, sur un simple mémoire; sinon,
après la taxe faite en la manière accoutumée,
sur la signification de l'exécutoire qui sera dé-
cerné contre ledit adjudicataire.

» 4°. Il fera transcrire à ses frais le jugement

d'adjudication, dans la quinzaine, au bureau des hypothèques.

» 5°. Il déposera le prix de l'adjudication, dans la quinzaine, au bureau des consignations.

» 6°. Il sera procédé à la revente de ladite maison sur la folle enchère de l'adjudicataire, faute par lui de justifier de son adjudication dans les vingt jours de l'exécution des clauses et conditions ci-dessus.

» 7°. La première enchère sera criée pour douze mille francs, somme que le poursuivant offre pour sa mise à prix.

» Suit la désignation de ladite maison :

» Elle est sise à Amiens, faubourg du Nord, rue des Deux Portes, n° 29. Elle a pour enseigne le *Grand Vainqueur*, et est occupée, à titre de bail, par le sieur C...., aubergiste. Elle consiste en deux chambres par bas, éclairées sur la rue, une porte charretière, un portail conduisant à une cour pavée, etc....

» Fait et remis au greffe du tribunal civil d'Amiens, le quatre mars mil huit cent six.

» *Signé* N...., avoué. »

La partie du cahier des charges qui indique les objets à vendre, est la copie exacte de la désignation qui en est faite au procès-verbal de saisie.

Les diverses conditions que nous avons ex-
primées dans cet exemple peuvent varier, selon
la nature des objets dont on poursuit l'expropriation.

§. V.

Des Publications.

On sent l'utilité des annonces, des placards,
de la notification aux créanciers inscrits, et du
cahier des charges. Autrefois, il y avoit en outre
des *criées*; c'est-à-dire, qu'un huissier, pendant plusieurs dimanches, à l'issue de l'office
divin, proclamoit que tel immeuble étoit saisi,
et alloit être vendu. Comme les coutumes
avoient attaché beaucoup d'importance à la
formalité des criées, il falloit qu'un jugement
eût décidé qu'elles avoient été faites régulièrement; et ce jugement s'appeloit *certification
de criées.*

Autant les criées étoient nécessaires dans des
siècles où peu de personnes savoient lire, autant elles deviennent inutiles aujourd'hui : le
public est bien mieux averti par les annonces
et les placards. Aussi le Code nouveau a-t-il
supprimé tout ce qui concerne les criées. Quand
le cahier des charges a été mis au greffe, on
laisse passer au moins quinzaine, pour donner
le temps à ceux qui veulent acquérir de se présenter, ainsi qu'aux créanciers inscrits, et à la

partie saisie de faire leurs observations ou réclamations.

Après le délai de quinze jours, on fait la première *publication*. On appelle ainsi la formalité par laquelle le cahier des charges, tel qu'on l'a expliqué au paragraphe précédent, est lu à haute voix, à l'une des audiences consacrées à la vente des immeubles.

C'est le jour de cette première publication qui, comme on l'a dit plus haut, doit être indiqué dans l'extrait du procès-verbal de saisie, servant d'annonces et de placards; c'est aussi cette première publication que doit précéder de huit jours au moins, plus un jour par trois myriamètres de distance, la notification de la saisie aux créanciers inscrits, comme on l'a vu plus haut. Enfin, c'est quinzaine avant cette même publication que le cahier des charges doit être mis au greffe par le poursuivant, ainsi que nous l'avons dit.

On voit que l'époque pour chaque acte de la procédure, concernant la saisie des immeubles, dépend de la première publication; il faut donc déterminer le temps où cette formalité doit avoir lieu.

Elle ne peut pas être faite, sous peine de nullité, avant qu'il se soit écoulé au moins l'espace d'un mois, depuis la notification, faite à la partie saisie, du procès-verbal d'apposition de placards. Il faut bien un certain temps pour que les annonces et les affiches produisent leurs effets. *Cod. jud.*, *art.* 700.

D'un autre côté, si on laissoit passer un temps trop long, les annonces et affiches perdroient leur utilité ; c'est pourquoi le délai, entre la notification du procès-verbal d'affiches et la première publication, ne doit pas être de plus de six semaines. *Cod. jud.*, *art.* 701 ; sous peine de nullité, *art.* 717.

Si donc, par suite de quelque incident, le délai de six semaines étoit écoulé sans que l'enchère ait été publiée, il faudroit recommencer la formalité des annonces et placards, afin que l'intervalle, entre la notification du procès-verbal d'affiches et la première publication, ne soit ni moindre qu'un mois, ni plus long que six semaines.

Quinzaine après la première publication il s'en fait une seconde, et quinzaine après la seconde il s'en fait une troisième. Il peut même y en avoir un plus grand nombre, selon les circonstances ; mais jamais, sous peine de nullité, le cahier des charges ne doit être publié moins que trois fois successivement de quinzaine en quinzaine, et toujours à l'audience. *Cod. jud.*, *art.* 702 ; sous peine de nullité, *art.* 717.

Chaque publication est constatée par le greffier à la suite du cahier des charges, *ibid. art.* 699; sous peine de nullité, *art.* 717.

Dans le modèle que nous donnerons pour les adjudications qui font l'objet du chapitre suivant, on verra comment les publications y sont mentionnées.

CHAPITRE IV.

Des Adjudications.

L'adjudication est un jugement par lequel celui qui a mis la dernière et la plus forte enchère, est déclaré propriétaire de l'immeuble saisi.

Après les publications faites successivement à trois audiences au moins, de quinzaine en quinzaine, il ne reste plus qu'à adjuger l'objet à vendre. Pour y parvenir, il n'est pas besoin, comme autrefois, d'obtenir un congé d'adjuger; c'étoit un jugement qui déclaroit que, les procédures ayant été jusque-là régulièrement faites, on pouvoit poursuivre l'adjudication.

On a pu remarquer que le Code a simplifié considérablement les formalités de la vente des immeubles, quoique pourtant il n'ait rien omis de ce qui pouvoit être utile soit au poursuivant, soit à la partie saisie, soit aux créanciers hypothécaires. Ainsi, il a décidé qu'après les

publications on procéderoit à l'adjudication; il
ne dit point qu'on le fera ordonner par un jugement. Au surplus, il a réglé qu'il seroit fait
deux adjudications, l'une préparatoire, l'autre
définitive : nous allons expliquer dans trois paragraphes les formes de l'adjudication préparatoire, des enchères et de l'adjudication définitive.

§. Ier.

De l'Adjudication préparatoire.

L'époque où doit se faire cette première adjudication n'est pas fixée; mais elle ne peut
avoir lieu, sous peine de nullité, si, huit jours
francs avant, on n'a pas, de nouveau, annoncé
la vente dans un journal, quand il y en a dans
le département, et si en même temps on n'a
pas affiché de nouveaux placards dans les lieux
désignés par la loi. Cette huitaine franche doit
être augmentée d'un jour, par trois myriamètres, pour la distance qu'il y a du lieu où la
vente doit être faite à celui où sont situés les
bâtimens, ou, à défaut, la majeure partie des
biens saisis. *Cod. jud., art.* 703; le tout à peine
de nullité, *art.* 717.

La seconde annonce et les seconds placards
sont en tout conformes aux premiers. Ils doivent pourtant contenir de plus la mise à prix

faite par l'enchère du poursuivant, ainsi que l'indication du jour où se fera l'adjudication préparatoire.

Cette addition sur les placards doit être manuscrite. En faisant imprimer les premiers placards, on doit avoir préparé assez d'exemplaires pour afficher trois fois; en sorte que, lors des seconds placards, il n'est besoin que d'écrire à la main sur chaque exemplaire, dans un blanc destiné à cet effet, le jour où aura lieu l'adjudication préparatoire. La loi le prescrit ainsi pour éviter les frais. Elle dit même que, s'il y avoit lieu à une réimpression des placards, cette dépense n'entreroit pas en taxe. *Ibid.*

La seconde annonce dans le journal, et l'apposition des seconds placards, sont constatées dans la même forme que nous avons expliquée pour la première annonce et les premières affiches. *Cod. jud., art.* 705; sous peine de nullité, *art.* 717.

Le jour indiqué étant arrivé, le cahier des charges est lu à l'audience; après quoi, les enchères du public sont reçues, dans la forme dont on parlera au paragraphe suivant.

Quand les feux allumés pour les enchères sont éteints, l'immeuble est adjugé conditionnellement au plus offrant; c'est-à-dire, que cette première adjudication n'a son exécution que dans le cas où, lors de l'adjudication définitive, il ne se présente personne pour couvrir l'enchère du premier adjudicataire.

Ainsi ce dernier n'est tenu à aucune des conditions de la vente tant qu'il n'est pas déclaré adjudicataire définitif; par la même raison, il ne peut rien exiger concernant l'immeuble adjugé conditionnellement, et il n'y peut exercer aucun droit de propriété. En un mot, l'adjudication préparatoire est un contrat judiciaire qui n'acquiert de force que quand est arrivée la condition sous laquelle l'engagement a été contracté.

L'adjudieation préparatoire et les enchères reçues pour y parvenir sont constatées par le greffier, sur le cahier des charges, à la suite de la mise à prix et des publications. *Cod. jud.*, *art.* 699 ; à peine de nullité, *art.* 717.

Quand il ne se présente aucun enchérisseur lors de l'adjudication préparatoire, elle reste au poursuivant sur sa mise à prix, qui est sa première enchère. *Cod. jud.*, *art.* 698.

Le jugement qui prononce l'adjudication préparatoire fixe en même temps le jour où se fera l'adjudication définitive; le délai doit être de six semaines au moins. *Cod. jud.*, *art.* 706 ; le tout est prescrit à peine de nullité, *art.* 717.

Ce jugement de première adjudication n'est

autre chose qu'un simple prononcé indiquant l'avoué à qui l'adjudication préparatoire est faite. Ce prononcé est écrit sur le cahier des charges, à la suite des enchères et des publications. *Cod. jud.*, *art.* 699; à peine de nullité, *art.* 717.

§. I I.

Des Enchères.

L'enchère est l'offre qui est faite d'une certaine somme pour le prix de la chose mise en vente, avec promesse de payer cette somme si personne n'en offre pas davantage.

On pouvoit autrefois proposer son enchère soit à l'audience, soit au greffe; dans ces deux cas, elle étoit consignée par écrit, à la suite du cahier des charges; mais aujourd'hui les enchères ne peuvent être reçues qu'à l'audience, et quand l'immeuble à vendre y est crié. *Cod. jud.*, *art.* 707; sous peine de nullité, *art.* 717.

Aucune enchère ne peut être mise que par le ministère d'un avoué; autrement elle seroit nulle. Ceux qui sont dans l'intention d'acquérir l'immeuble à vendre, sont donc obligés de donner leurs pouvoirs à des avoués qui, lorsque les enchères sont ouvertes, font leurs offres conformément aux instructions qui leur ont été données. *Ibid.*

A l'audience consacrée à la vente des biens,

et que les praticiens nomment l'*audience des criées*, on s'occupe successivement des différentes ventes qui y sont portées. L'immeuble à vendre y est d'abord crié; le tribunal ensuite entend les observations des parties, si elles jugent à propos d'en faire; il prononce sur les difficultés s'il s'en présente; enfin, lorsque rien n'arrête, il déclare, par l'organe du président, que les enchères sont ouvertes.

Alors des bougies préparées, de manière que chacune ait une durée d'environ une minute, sont allumées successivement; le feu est mis à la seconde quand la première est éteinte, et la troisième n'est allumée qu'après l'extinction de la seconde, et ainsi de suite. C'est pendant le feu des bougies que les avoués mettent leurs enchères, qui sont criées, par un huissier, à mesure qu'elles sont proposées. Toute enchère proposée avant ou après le feu d'une bougie n'est par reçue; c'est nécessairement pendant qu'elle est allumée, que les offres sont écoutées. Ces formalités sont prescrites à peine de nullité. *Ibid.*

Un enchérisseur cesse d'être obligé par l'offre qu'il a faite, si non enchère est couverte par une autre. Cette décision a lieu, quand même l'enchère postérieure seroit déclarée nulle. *Ibid.*

Le nombre des bougies, qu'il faut brûler l'une après l'autre, dépend du temps que dure la concurrence des enchères. S'il survient même un seul enchérisseur, pendant le feu d'une bougie, on doit, quand elle est éteinte, en allumer une autre, et ainsi de suite, jusqu'à ce qu'une bougie se soit éteinte sans enchère. Alors on en allume une autre; si elle s'éteint encore sans enchère, on peut adjuger l'immeuble. On voit par-là qu'avant de prononcer l'adjudication, il ne peut pas être brûlé moins de trois bougies, dont les deux dernières doivent être consumées sans enchères. Cette formalité a lieu pour l'adjudication préparatoire, et se répète pour l'adjudication définitive. *Cod. jud.*, *art.* 708; à peine de nullité, *art.* 717.

Si, lors de l'adjudication préparatoire, il ne se présente aucune enchère pendant le premier et le second feu, on doit en allumer un troisième, et c'est seulement s'il s'éteint encore sans enchère, que l'adjudication préparatoire reste au poursuivant pour sa mise à prix. *Ibid.*

Pareillement, si, lors de l'adjudication définitive, il ne se présentoit aucune enchère pendant la durée des deux premiers feux, ce ne seroit qu'après l'extinction d'un troisième sans enchère, que l'adjudication préparatoire deviendroit définitive, parce que jamais aucune adjudication ne peut être faite s'il n'a pas été brûlé au moins trois bougies. *Ibid.*

Soit lors de l'adjudication préparatoire, soit

lors de l'adjudication définitive, si, pendant la durée de l'une des trois premières bougies, il survient des enchères, et même une seule, on allume successivement d'autres bougies, jusqu'à ce que deux feux de suite se soient éteints sans enchère ; alors seulement l'adjudication peut être prononcée. *Ibid.*

Pour les deux adjudications, et pour les enchères qui les préparent, on procède dans les mêmes formes. La seule différence est que, lors de l'adjudication préparatoire, les enchères sont ouvertes sur la mise à prix du poursuivant ; tandis que, pour l'adjudication définitive, les enchères sont ouvertes sur l'offre du premier adjudicataire. L'avoué, sur l'enchère duquel est restée l'adjudication, soit préparatoire, soit définitive, est tenu, dans le délai de trois jours, de déclarer le nom de la personne pour laquelle il s'est rendu adjudicataire, et de fournir l'acceptation qu'elle en fait. L'avoué, dernier enchérisseur, se présente donc au greffe, où sa déclaration est écrite sur le cahier des charges, à la suite des publications de l'enchère et de l'adjudication. Après que l'avoué a signé, son commettant, qui l'accompagne, fait son acceptation à la suite. Cette acceptation peut être faite ou par l'adjudicataire en personne ou par procuration ; alors, l'acte portant pouvoir d'accepter reste annexé à la déclaration. *Cod. jud.*, *art.* 709.

Si l'avoué ne peut fournir cette acceptation dans les trois jours, il doit représenter le pouvoir en vertu duquel il est devenu adjudicataire, et ce pouvoir reste annexé à la minute de sa déclaration. *Ibid.*

Faute de satisfaire à ces dispositions dans le délai prescrit, l'avoué, dernier enchérisseur, est réputé adjudicataire en son nom. *Ibid.*

C'est ici le lieu de dire que les juges, leurs suppléans, le procureur impérial, ses substituts et le greffier, ne peuvent se rendre adjudicataires des immeubles vendus dans le tribunal dont ils font partie. En conséquence, il est défendu aux avoués, sous peine de nullité de l'adjudication, et de tous dépens, dommages-intérêts, de se charger de mettre des enchères pour ces mêmes personnes. *Cod. jud., art.* 713.

Il est également fait défense aux avoués, sous les mêmes peines, d'enchérir un immeuble pour la partie saisie, ni pour aucune personne notoirement insolvable : il est évident que le but qu'on se propose, et qui est de toucher le prix de l'immeuble vendu, ne pourroit pas être rempli, si le dernier enchérisseur étoit ou le débiteur saisi, ou toute autre personne hors d'état de payer. *Cod. jud., art.* 713.

§. III.

De l'Adjudication définitive.

Dans les quinze jours qui suivent l'adjudication préparatoire, le poursuivant doit, pour la troisième fois, faire insérer l'annonce de la vente dans l'un des journaux, s'il y en a dans le département, et faire afficher des placards dans les lieux désignés par la loi, sous peine de nullité. *Cod. jud., art.* 703 et 717. Cette annonce et ces placards sont les mêmes que les précédens, sauf qu'on énonce dans ceux-ci, et le jour qu'aura lieu l'adjudication définitive, et le prix auquel a été faite l'adjudication prépatoire. Cette addition, sur les placards imprimés, se fait à la main, comme lors des secondes affiches. *Ibid.*

La troisième annonce dans le journal, ainsi que la troisième appositiou de placards, sont constatées comme on l'a dit pour les premières et les secondes annonces et affiches, sous peine de nullité. *Cod. jud., art.* 705 et 717.

Au jour indiqué par l'adjudication préparatoire, on procède à l'adjudication définitive; il faut, entre l'une et l'autre, au moins six semaines d'intervalle, à peine de nullité. *Cod. jud., art.* 706 et 717.

8

Pour cette dernière adjudication, on suit absolument les mêmes formes que nous avons expliquées pour la première. Le placard est lu à l'audience; le tribunal écoute les observations des parties si elles en font, et prononce sur les difficultés s'il s'en élève. Lorsque le moment de la vente est arrivé, les enchères sont ouvertes sur le prix de l'adjudication préparatoire; et elles sont reçues comme il est dit au paragraphe précédent.

Quand la chaleur des enchères est passée, et que le nombre légal de bougies éteintes sans enchères a déterminé le moment où on peut adjuger, le tribunal prononce en faveur du dernier enchérisseur.

Ce prononcé consiste dans l'indication, sur le cahier des charges, du nom de l'avoué auquel l'immeuble est adjugé définitivement. *Cod. jud.*, *art.* 699. Cette formalité est prescrite à peine de nullité, *art.* 717.

Ainsi la minute du jugement d'adjudication définitive, n'est autre chose que la copie du cahier des charges sur lequel toutes les formalités des publications, enchères, et adjudications ont été consignées. *Cod. jud.*, *art.* 714.

A l'égard de l'expédition de ce jugement, c'est une copie du même cahier, précédée de l'intitulé, et terminée par le mandement commun à tous les jugemens qui sont revêtus de la forme exécutoire. *Cod. jud., art.* 714.

On y ajoute une injonction à la partie saisie, de délaisser la possession de l'immeuble aussitôt la signification de ce jugement, sous peine d'y être contrainte même par corps, comme séquestre judiciaire de l'objet vendu. *Ibid.*

L'expédition de l'adjudication définitive ne se délivre que quand l'adjudicataire rapporte la quittance des frais ordinaires de poursuite, et la preuve qu'il a satisfait aux diverses conditions de l'enchère ; elles doivent nécessairement être toutes exécutées avant que le titre d'acquisition soit remis à celui qui a contracté l'engagement de les remplir. *Cod. jud., art.* 715.

La loi n'assujétit l'adjudicataire qu'aux frais ordinaires de poursuite ; c'est-à-dire, à ceux dont il a pu, d'après la loi, faire une évaluation au moins approximative, avant de présenter son enchère. Ce sont ceux qui ont dû être faits directement pour arriver à la vente de l'immeuble, depuis le procès-verbal de saisie jusqu'au jugement d'adjudication définitive inclusivement.

Mais les frais extraordinaires, ceux qui n'auroient pas eu lieu sans des circonstances particulières, s'ils ne sont pas à la charge de l'adjudicataire, par qui sont-ils supportés ?

Si les frais extraordinaires sont occasionnés par des difficultés élevées pendant le cours des procédures, ce sont des dépens qui doivent être supportés par les parties qui succombent dans ces sortes d'incidens.

Si c'est la partie saisie qui a succombé, ou si les frais extraordinaires ont été ordonnés pour des causes qui ne peuvent être imputées à aucune des parties, on les prélève sur le prix de l'immeuble vendu.

En conséquence, comme, toutes les fois qu'il y a des frais extraordinaires, il y a nécessairement un jugement qui en est ou la cause, ou la suite, le tribunal prononce sur les frais extraordinaires; et, si les circonstances l'exigent, il ordonne qu'ils seront prélevés par privilége sur le prix de l'adjudication. *Cod. jud., art.* 716.

Le paiement des frais ordinaires de poursuite est donc une condition qui, même quand elle auroit été omise dans le cahier des charges, doit y être suppléée; l'adjudicataire n'obtient pas la délivrance de son titre, tant qu'il ne rapporte pas la quittance de ces mêmes frais.

Pareillement, s'il a été spécifié, dans les clauses de l'enchère, que le prix de l'adjudication sera déposé, l'acquéreur ne pourra pas se faire délivrer le jugement qui lui adjuge l'immeuble, s'il ne remet au greffier l'acte de dépôt.

Si , au lieu de déposer le prix de l'immeuble, l'enchère obligeoit l'acquéreur à payer par ses mains divers créanciers , l'expédition de l'adjudication ne lui seroit délivrée qu'après avoir rapporté les quittances propres à justifier que les paiemens ont été effectués.

Les pièces servant à prouver et que les frais de poursuite ont été soldés , et que les conditions de l'enchère ont été remplies , demeurent annexées à la minute du jugement d'adjudication définitive; pour plus grande précaution , elles sont , en outre , copiées en entier sur le même cahier , à la suite de ce jugement. *Cod. jud., art.* 715.

Vingt jours sont accordés à l'adjudicataire pour satisfaire aux conditions de l'enchère. A l'expiration de ce délai, l'adjudicataire peut y être contraint à la diligence soit du poursuivant, soit de tout autre créancier, soit même de la partie saisie , par toutes les voies de droit, comme tout débiteur contre lequel on a un titre exécutoire. *Ibid.*

En même temps on peut procéder à la revente de l'immeuble, sur la folle enchère de l'adjudicataire, quand il laisse passer vingt jours sans satisfaire aux conditions de son adjudication. Les formes de la procédure, concernant la folle enchère, seront expliquées dans la section suivante. L'intention de la loi est que la revente sur folle enchère n'empêche pas les poursuites par toutes les autres voies de droit, contre celui qui s'est rendu adjudicataire. *Cod. jud.*, *art.* 715.

Le jugement d'adjudication définitive est susceptible d'appel; et, comme la loi n'a prescrit à cet égard aucune disposition particulière, il en faut conclure que cet appel est réglé pour les délais et la forme, par les dispositions communes à tous les jugemens.

Néanmoins, l'adjudication doit s'exécuter après les vingt jours, si l'appel n'est pas interjeté; et si l'appel est interjeté postérieurement aux vingt jours, il n'est suspensif qu'à l'égard des conditions qui ne sont pas encore remplies.

MODELES par Publications, Enchères et Adjudications.

« Aujourd'hui, vingt-huit mars mil huit cent six, après que la vente de la maison ci-dessus mentionnée a été annoncée par le tableau exposé en l'auditoire, et dans le journal d'Arras; après que des placards ont été affichés en la forme ordinaire, suivant le procès-verbal du treize février dernier, notifié à la partie saisie, le dix-neuf, par exploit de G..., huissier, la première publication du cahier des charges a été faite audience tenante.

» *Signé* G..., président; F..., greffier.

» Aujourd'hui, quinze avril mil huit cent six, la seconde publication du cahier des charges ci-dessus a été faite audience tenante.

» *Signé*, G..., président; F..., greffier. »

» Aujourd'hui, deux mai mil huit cent six, la troisième publication du cahier des charges ci-dessus a été faite à l'audience.

» *Signé* G..., président; F..., greffier.

» Vu les secondes annonces dans le journal d'Arras, et le procès-verbal du huit de ce mois, constatant la seconde apposition des placards dans la forme ordinaire, et où l'adjudication préparatoire est indiquée pour aujourd'hui;

» Le tribunal a fait publier le cahier des charges ci-dessus; après quoi, il a ordonné l'ouverture des enchères sur la mise à prix de douze mille francs.

» Les feux de plusieurs bougies ayant été allumés successivement, les enchères ont été mises pendant leur durée comme il suit:

» Par B..., avoué, douze mille cinq cents francs;

» Par L..., avoué, douze mille neuf cents francs ;

» Par M..., avoué, treize mille cinq cents francs ;

» Par ledit B..., quatorze mille francs ;

» Par ledit L..., quatorze mille cinq cents francs ;

» Par ledit M..., quatorze mille huit cents francs ;

» Par ledit L..., quinze mille francs.

La bougie, pendant la durée de laquelle cette dernière enchère a été reçue, s'étant éteinte, deux autres bougies ont été allumées successivement, et leurs feux se sont éteints sans qu'il soit survenu aucune autre enchère.

» En conséquence, le tribunal déclare que l'adjudicatiou préparatoire demeure audit L..., avoué, aux clauses et conditions énoncées au cahier des charges, et en outre sauf l'adjudication définitive qui sera faite le dix juillet prochain.

» Jugé à Arras, par Messieurs......, ce vingt mai mil huit cent six.

» *Signé* G..., président ; F..., greffier.

» Vu la troisième annonce dans le journal de cette ville, et le procès-verbal du trente mai dernier, constatant la troisième apposition des placards, dans la forme ordinaire ; vu le jugement d'adjudication préparatoire qui fixe l'adjudication définitive à aujourd'hui ; le tribunal, après avoir fait publier le cahier des charges ci-dessus, a ouvert les enchères sur le prix de quinze mille francs, auquel la maison, dont il s'agit, a été adjugée par ledit jugement préparatoire.

» Une première bougie ayant été allumée, elle s'est éteinte sans qu'il soit survenu d'enchère.

» Une seconde a aussi été allumée, et s'est éteinte sans enchère.

» Enfin une troisième a été allumée, et pendant sa durée nulle enchère n'est survenue.

» En conséquence, le Tribunal déclare définitive l'adjudication préparatoire faite, par jugement du deux mai dernier, à L......, avoué, aux clauses et conditions énoncées au cahier des charges, et dont l'exécution sera, par sa partie, justifiée dans les vingt jours ; enjoint à D..., partie saisie, de laisser à l'adjudicataire la possession de la maison adjugée définitivement, aussitôt que la signification du présent jugement lui aura été faite ; à quoi ledit D... sera contraint par toutes voies de droit, même par corps.

» Jugé à Arras, par Messieurs...., ce dix juillet mil huit cent six.

Signé G..., président ; F..., greffier. »

Ce qui constitue la minute du jugement d'adjudication définitive, est le cahier des charges, ainsi que les publications, enchères et adjudications mises à la suite.

Lorsqu'il s'agit de délivrer une expédition de ce jugement, on copie donc tout le cahier des charges, et ce qui le suit, en observant de mettre en tête de cette copie l'intitulé et à la fin le mandement, qui donnent à tous les jugemens la forme exécutoire.

CHAPITRE V.

De la Surenchère sur vente judiciaire.

En général, une surenchère est une enchère dont le prix est plus élevé que celui d'une enchère précédente ; mais, en terme de droit, on nomme *surenchère*, une enchère mise sur le prix auquel un immeuble est adjugé définitivement en justice, ou vendu par acte fait.à l'amiable. De là deux sortes de surenchères ; celle sur vente judiciaire, et celle sur vente volontaire. On traitera de cette dernière dans la seconde partie de cet ouvrage : nous n'avons donc à nous occuper ici que de la surenchère sur vente judiciaire.

Dans la huitaine qui suit le jour où l'adjudication définitive est prononcée, il est libre à toute personne qui avoit droit de se rendre adjudicataire, de former une surenchère. *Cod. jud.*, *art.* 710.

A cet effet, elle se transporte en personne, ou par un fondé de pouvoir spécial, et assistée d'un avoué, au greffe du tribunal où la vente s'est faite : par un acte qui y est reçu, elle déclare qu'elle surenchérit l'immeuble adjugé définitivement ; si cet acte est fait en vertu d'une procuration, elle doit y rester annexée. *Ibid*.

Pour que la surenchère soit valable, non seulement, comme nous l'avons dit, il faut qu'elle soit faite dans la huitaine du jour de l'adjudication définitive, mais encore elle doit contenir offre de payer l'immeuble, au moins un quart de plus que le prix principal pour lequel il a été vendu. Ce n'est qu'en considération d'une augmentation aussi importante, que l'adjudication définitive reste sans exécution. *Ibid*.

Si plusieurs personnes, pendant le délai de huitaine, se présentoient au greffe pour surenchérir, il nous semble que la préférence seroit accordée à celle qui auroit offert le prix le plus considérable. Si plusieurs surenchérisseurs avoient offert la même augmentation, ils seroient admis par concurrence à la nouvelle adjudication qui aura lieu.

Une autre condition, sans laquelle la surenchère seroit nulle, est qu'il faut la dénoncer, dans les vingt-quatre heures de sa date, à l'avoué de l'adjudicataire, et à celui de la partie saisie, si elle en a un en cause; sinon on est dispensé de lui faire la dénonciation. *Cod. jud., art.* 711.

Ainsi l'avoué qui a présenté le surenchérisseur au greffe, lève une expédition de la surenchère, et, dans les vingt-quatre heures, il en fait la signification aux deux autres avoués, par un simple acte contenant avenir à la prochaine audience des criées, sans autre procédure. *Cod. jud., art.* 711.

Cette sorte de citation a pour but de faire une nouvelle adjudication, à laquelle ne sont admis que l'adjudicataire et le surenchérisseur; c'est pourquoi il n'y a lieu à aucun retard, et il n'est besoin ni de publications, ni d'annonces, ni de placards. *Cod. jud., art.* 712.

Au jour indiqué pour l'audience, les formalités des bougies sont observées comme on les a expliquées pour les adjudications préparatoires et définitives. Les enchères n'y sont reçues également que par le ministère des avoués; la seule différence est que, pour concourir à cette dernière adjudication, on ne doit admettre que l'adjudicataire et le surenchérisseur.

Quand-le nombre des feux prescrits s'est

éteint sans enchère, l'adjudication est prononcée au profit de celui des concurrens dont l'avoué est resté le dernier enchérisseur.

Les nouvelles enchères et le jugement de la nouvelle adjudication sont écrits sur le cahier des charges, à la suite des deux précédentes adjudications.

Les effets de l'adjudication par surenchère, sont les mêmes que ceux de l'adjudication définitive. La minute du jugement d'adjudication par surenchère, n'est autre que la copie du cahier des charges, sur lequel ont été constatées les différentes circonstances qui se sont passées à l'audience ; on y ajoute de même l'injonction à la partie saisie de délaisser la possession de l'immeuble aussitôt que le jugement lui aura été signifié.

Pareillement, la délivrance du jugement d'adjudication par surenchère, ne sera faite que sur la preuve fournie par le nouvel adjudicataire, qu'il a satisfait à toutes les conditions du cahier des charges.

Enfin, si, dans les vingt jours de la nouvelle adjudication, celui au profit de qui elle a été prononcée est en retard de justifier de l'exécution même d'une seule des conditions du cahier des charges, il y sera contraint par la voie de la folle enchère, indépendamment des autres voies de droit, ainsi que tout cela a été expliqué pour l'adjudication définitive.

Observez à cet égard que si le surenchérisseur étoit devenu adjudicataire, et qu'on fût obligé de prendre contre lui la voie de la folle enchère, il seroit tenu, par corps, de la différence qu'il y auroit entre son prix et celui de la revente. *Cod. jud.*, *art.* 712.

SECTION III.

Des Incidens qui peuvent survenir pendant la poursuite de l'expropriation.

Dans la précédente section nous avons considéré les procédures qui conduisent à l'expropriation forcée, comme n'éprouvant aucun obstacle, afin que l'on pût en saisir plus facilement l'ensemble. Il s'en faut bien que toutes les poursuites de ce genre puissent arriver à leurs fins, sans aucune contrariété : nous allons examiner les différens cas où la marche de l'expropriation est arrêtée par quelque incident.

Dans un premier chapitre on fera quelques observations, applicables à tous les incidens qui se forment sur la poursuite d'une saisie immobilière. Dans un second chapitre on parlera de la concurrence des saisies ; dans un troisième, de la subrogation d'un créancier à la place du poursuivant ; dans un quatrième, de l'appel du jugement en vertu duquel l'expropriation est poursuivie ; dans un cinquième, de la revendication des objets saisis ; dans un sixième, des moyens de conserver les charges et les hypothèques affectées à l'immeuble saisi ; dans un septième, des nullités proposées contre la procédure ; dans un huitième, de la folle enchère.

CHAPITRE PREMIER.

Observations générales.

La première observation est que toute contestation, incidente à la poursuite d'une expropriation, est jugée sommairement, soit en première instance, soit en cour d'appel ; c'est-à-dire, que l'on doit y procéder dans les formes prescrites pour toutes matières sommaires. *Cod. jud.*, *art.* 718.

On observe, en second lieu, que les demandes incidentes, qui s'élèvent lors des poursuites d'une expropriation forcée, ne sont point assujéties à la tentative de la conciliation.

Une troisième observation qui concerne tout jugement rendu dans une instance da saisie immobilière, est qu'on ne peut en interjeter appel que dans le délai de quinzaine ; encore en est-il pour l'appel desquels il n'est accordé que huit jours : ce sont tous ceux qui prononcent sur des nullités postérieures à l'adjudication préparatoire. Cette première réflexion étoit nécessaire pour donner une idée de l'attention qu'a eue la loi d'abréger, autant que la justice le permet, les délais des procédures incidentes aux saisies immobilières. C'est par une exception au principe général qu'il est accordé trois mois pour interjeter appel des jugemens rendus en première instance; on expliquera, au surplus, par la suite, les formes exigées pour l'appel des jugemens intervenus dans le cours des procédures d'une expropriation forcée.

Enfin, il faut observer que les délais prescrits, pour les différens actes de poursuite sur expropriation forcée, sont déterminés d'après la fixation du jour de la première publication. En faisant la même remarque dans la section précédente, on a bien senti que divers incidens pouvoient survenir, et empêcher que la première publication n'eût lieu le jour indiqué par les annonces et les placards; mais ce n'étoit pas le moment de parler de cette circonstance; la procédure étoit alors considérée comme ne devant éprouver aucun retard. Maintenant que nous nous occupons des obstacles qui peuvent entraver sa marche, nous dirons que, dans les cas où des incidens viennent retarder les publications, soit la première, soit les suivantes, il faut alors prévenir le public par de nouvelles annonces et de nouveaux placards. Ainsi la publication retardée ne peut avoir lieu que le jour indiqué par ces nouveaux avertissemens.

C'est ici le lieu de placer une question fort importante. Le propriétaire d'un immeuble peut-il volontairement en faire la vente, par adjudication judiciaire, quand il n'est pas contraint à suivre cette voie?

Autrefois l'audience des criées étoit destinée non seulement aux expropriations forcées, mais encore aux ventes volontaires, quand il convenoit au propriétaire d'un immeuble d'y venir chercher un acquéreur.

Aujourd'hui il est expressément défendu de mettre aux enchères, devant les tribunaux, les immeubles vendus volontairement, quand ils appartiennent à des majeurs, maîtres de disposer de leurs droits. *Cod. jud.*, *art.* 746.

On verra dans la seconde partie, comment les biens de mineurs sont vendus judiciairement, ainsi que les cas où, entre majeurs, on peut procéder à la licitation des immeubles en justice.

Néanmoins, quoiqu'un immeuble ait été saisi, les intéressés, quand ils sont tous majeurs et maîtres de leurs droits, peuvent demander que l'adjudication en soit faite ou devant notaire, ou en justice, sans qu'il soit nécessaire de suivre toutes les formalités de l'expropriation forcée ; alors il suffit de se conformer à ce qui est prescrit pour la vente des biens en cas de licitation. *Cod. judiciaire*, *art.* 747.

Si tous les intéressés à une saisie immobilière n'étoient pas d'accord pour requérir cette autorisation ; l'un d'eux, soit la partie saisie, soit un des créanciers, peut en former la demande devant le tribunal où la saisie est portée. Nous ne pensons pas que l'obstination d'un seul doive faire obstacle à l'avantage de tous. Selon les circonstances, le tribunal décide ou que les poursuites de l'expropriation forcée seront continuées, ou bien il accorde la permission de vendre comme en licitation. Quand il adopte ce dernier parti, il indique si les formalités des enchères ainsi simplifiées seront suivies devant un juge, ou devant un notaire, qu'il nomme.

Il résulte de ce qu'on vient de dire que si, parmi les créanciers intéressés à une saisie immobilière, il y avoit un mineur ou un interdit, on ne pourroit pas demander à éviter toutes les longueurs de l'expropriation forcée. Cependant le tuteur du créancier mineur pourroit, en pareil cas, se faire autoriser, par avis de parens, à se joindre à ceux qui voudroient réclamer la faculté d'abréger les formes de l'adjudication. *Cod. jud.*, *art.* 748.

Quand c'est la partie saisie qui est en minorité ou en interdiction, le tuteur peut encore se faire autoriser, par avis de parens, à demander dispense des poursuites de l'expropriation forcée ; mais alors, si elle étoit accordée, le bien ne pourroit être vendu que conformément à ce qui est prescrit, pour l'aliénation des biens de mineurs dont on parlera dans la seconde partie. Si, dans la même hypothèse, la dispense étoit requise par les autres parties, elles seroient tenues, si elles l'obtenoient, de se soumettre à observer toutes les formalités exigées pour la vente des biens de mineurs. *Ibid.*

CHAPITRE II.

De la Concurrence des Saisies immobilières.

On a parlé, dans la section précédente, du cas où deux saisies du même immeuble sont présentées pour être transcrites au bureau des hypothèques. Le conservateur ne doit accueillir que la première qui lui est remise ; celles postérieures sont refusées. Néanmoins, si une seconde saisie étoit plus ample que la première, nous avons dit qu'elle seroit transcrite pour les objets non compris en la première, et refusée pour ceux déjà saisis. Cette décision est fondée sur l'*art.* 720 du Code judiciaire, qui, en outre, règle comment ces deux saisies devront n'en former qu'une.

Le second saisissant est tenu de dénoncer le procès-verbal de sa saisie au premier saisissant, afin que celui-ci poursuive sur les deux, et que, pour l'une et l'autre, il ne soit fait qu'une seule procédure; elle est portée au tribunal où le premier poursuivant s'est pourvu.

Si la seconde saisie n'est pas au même état que la première; par exemple, si les placards sont posés pour celle-ci, lorsque la seconde saisie n'est encore que commencée, le poursuivant, auquel cette seconde sera dénoncée, interrompra toute procédure sur la sienne; il ne s'occupera que de mener la seconde au même point où est la première, pour ensuite continuer à poursuivre sur les deux saisies par une seule procédure. *Ibid.*

MODELE de la dénonciation d'une seconde saisie plus ample que la première.

D'abord l'huissier copie le procès-verbal de la seconde saisie, avec la mention que le conservateur des hypothèques a faite sur l'original, pour indiquer les objets à l'égard desquels cette saisie a été transcrite. Il continue ensuite son exploit en ces termes :

« L'an mil huit cent cinq, le douze de fé-

vrier, à la requête du sieur Hypolite G..., marchand parfumeur, demeurant à Bourges, département du Cher ; moi, François N..., huissier-audiencier du tribunal civil de Blois, département de Cher et Loire, y demeurant, rue
Basse, j'ai dénoncé et signifié au sieur Dié P...,
aubergiste, demeurant à Blois, place du Marché, n° 17, le procès-verbal ci-dessus transcrit,
contenant saisie immobilière plus ample, faite
par exploit de J..., huissier, en date du six février présent mois, à la requête dudit sieur G...,
d'une ferme sise en la commune d'Artenay,
arrondissement d'Orléans, département du Loiret, et appartenant au sieur Martin O..., propriétaire, demeurant à Chartres, département
d'Eure et Loir, rue Notre-Dame, n° 11.

» Ladite saisie est faite en vertu d'un jugement rendu au tribunal civil de Paris, le onze
mars mil huit cent quatre, contre ledit sieur O...,
et confirmée par arrêt du vingt août suivant.

» La saisie du requérant a été transcrite au
bureau des hypothèques d'Orléans, pour ce
qu'elle contient de plus qu'une autre saisie antérieurement transcrite au même bureau, à la requête dudit sieur P...., et portée au tribunal
civil d'Orléans ; c'est pourquoi la présente dénonciation lui est faite, afin de le sommer de
diriger ses poursuites également sur la saisie du

requérant , devant le même tribunal : faute par ledit sieur P.... de satisfaire en ce point au vœu de la loi, le requérant déclare qu'il demandera à lui être subrogé.

» Copie tant du procès-verbal de la saisie immobilière faite à la requête du sieur G..., et ci-dessus transcrit et mentionné, que du présent acte de dénonciation, a été par moi laissée audit sieur P..., en son domicile, en parlant à lui-même. *Signé* N..., huissier.

Un autre cas concernant la concurrence de deux saisies, est celui où chacune frappe sur des biens différens, appartenant au même débiteur. Lorsqu'elles sont l'une et l'autre pendantes au même tribunal, il y a une telle connexité entre les deux poursuites, qu'il seroit trop dur pour la partie saisie de les maintenir séparées.

En conséquence, par un jugement rendu sur la requête de l'avoué le plus diligent, les deux saisies sont réunies comme s'il n'y en avoit qu'une, et la procédure est continuée par le premier saisissant. *Cod. jud., art.* 719.

Si la transcription des deux saisies, à la conservation des hypothèques, est de même date, la poursuite des procédures réunies appartient au porteur du titre de créance le plus ancien. Quand les titres sont de même date, la préférence est donnée à celui des avoués saisissant qui est le plus ancien. *Cod. jud., art.* 719.

Ces décisions, sur le choix du poursuivant, ont lieu même dans le cas où l'une des deux saisies est plus ample que l'autre ; elles sont réunies, comme on l'a dit, et la procédure en est confiée à l'avoué du premier poursuivant, ou, en cas de concurrence, au porteur du titre le plus ancien, sinon au plus ancien des avoués saisissant. *Ibid.*

Si aucun des avoués ne songeoit à demander la jonction des deux saisies, les juges pourroient-ils l'ordonner d'office ? Nous n'en faisons aucun doute, parce qu'elle est utile à toutes les parties ; la poursuite n'en seroit pas moins décernée à l'ancienneté de la saisie, ou du titre, ou de l'avoué, suivant les règles prescrites plus haut.

Dans le cas où les deux saisies réunies ne seroient pas au même état, le poursuivant surseoiroit à la plus avancée, pour amener l'autre au même point, et ensuite les conduire par une seule procédure.

Au reste, la faculté de faire joindre deux saisies qui comprennent des biens différens sur le même débiteur, et pendantes dans le même tribunal, ne peut pas s'exercer en tout état de cause. Dès que le poursuivant de l'une des deux a mis le cahier des charges au greffe, la jonction ne peut plus être demandée. *Ibid.*

Pareille restriction n'a pas lieu, quand il s'agit de deux saisies faites des mêmes biens, et dont l'une est plus ample que l'autre ; on a vu qu'en tout état de cause, la jonction doit en être ordonnée, même quand elles sont pendantes en des tribunaux différens ; on procède alors, comme nous l'avons dit, au tribunal où le premier saisissant s'est pourvu. Quand l'une est plus avancée que l'autre, on suspend toute poursuite qui la concerne ; on ne s'occupe que de les amener au même point, afin de ne plus faire qu'une seule procédure.

MODELES de requête et de jugement de jonction.

« A Messieurs les juges composant le tribunal civil de Pontoise :

» Le sieur O....., marchand limonadier à Soissons, saisissant ;

» Contre le sieur M....., merchand de vin à Laon, autre saisissant ;

» Et le sieur E....., marchand bijoutier à Paris, débiteur saisi.

» Expose que, par procès-verbal de P...., huissier, en date du vingt-deux septembre dix-huit cent cinq, il a fait saisir une maison sise à Pontoise, rue du Ruisseau, n° 17, et appartenant au sieur E..., marchand bijoutier, demeurant à Paris, quai Pelletier, n° 29. La procédure a été commencée en conséquence au tribunal de Pontoise.

» Il paroît que, par une autre saisie faite antérieurement par procès-verbal de M..., huissier, le trente-un août de la même année, un arpent et demi de vigne, situé dans la commune de Soucy, arrondissement de Pontoise, et appartenant au même sieur E..., a été mis sous la main de justice, pour être vendu devant le même tribunal.

» Comme la loi veut que deux saisies, en pareilles circonstances, soient réunies pour être suivies par une seule procédure, à la diligence du premier saisissant, l'exposant conclut à ce qu'il plaise au tribunal lui donner acte de ce qu'il dénonce audit sieur M...., la saisie faite à la requête de l'exposant, dont copie est jointe à la présente requête; en conséquence, ordonner que les deux saisies immobilières dont il s'agit, seront réunies; que ledit sieur M...., sera tenu de faire la poursuite de l'une et l'autre par une seule procédure : ordonner que les dépens de la présente demande seront employés en frais de poursuites, sous toutes réserves des autres droits et actions de l'exposant.

» *Signé* J..., avoué.

» La présente requête a été signifiée, et copie en a été laissée, ainsi que du procès-verbal y mentionné, par moi soussigné, huissier audiencier du tribunal civil de Pontoise, au domicile de Mᶜ D...., avoué du sieur M..., en parlant à un clerc ; j'ai laissé pareille copie au domicile de Mᶜ H..., avoué du sieur E..., en parlant à un clerc.

A Pontoise, ce huit octobre mil huit cent cinq. *Signé* F..., huissier. »

Sur cette requête, on se présente à l'audience, où est rendu un jugement dont le dispositif est ainsi prononcé :

« Le tribunal donne acte à la partie de J..., de la dénonciation de la saisie immobilière faite à sa requête ; ordonne que les deux saisies dont est question seront jointes, pour être suivies par une seule procédure, à la diligence de la partie de D..., premier saisissant, qui est autorisé à employer en frais de poursuite le coût du présent jugement et de la requête sur laquelle il est rendu.

» Jugé à Pontoise, etc.

CHAPITRE III.

De la Subrogation aux Poursuites.

Quand, à la place du saisissant, un autre créancier est autorisé à faire les poursuites, il y a subrogation ; elle a lieu en quatre circonstances différentes.

1° Lorsqu'une seconde saisie, outre les mêmes biens que la première, en contient d'autres, elle est dénoncée, comme nous l'avons expliqué plus haut, au premier saisissant, qui est obligé de poursuivre sur les deux. Faute par ce dernier d'avoir procédé sur la seconde saisie, après qu'elle lui a été dénoncée, le second saisissant peut demander à lui être subrogé. Cet incident s'introduit par un simple acte d'avoué, contenant seulement des conclusions, et il s'instruit sommairement. En vertu du jugement qui intervient, le second saisissant prend le rôle de poursuivant, tant sur la saisie qu'il a faite que sur la première. *Cod. jud., art.* 721.

Par conséquent, si elles ne sont pas toutes deux au même état, il surseoira aux procédures de la première, jusqu'à ce qu'il ait conduit l'autre au même degré, afin de les mener ensuite comme ne formant qu'une seule saisie.

2°. Tout créancier inscrit au bureau des hypothèques, sur le bien saisi, peut demander la subrogation, quand le saisissant met de la négligence dans les poursuites. *Cod. jud., art.* 722.

Il y a négligence, lorsque le poursuivant n'a pas rempli une des formalités prescrites, ou quand le délai, fixé pour un des actes de la procédure, est expiré sans que cet acte ait été fait.

Dans ce cas, la demande en subrogation est, comme dans le précédent, un incident qui s'introduit de même par un simple acte d'avoué, et s'instruit sommairement. *Cod. jud., art.* 722.

3°. En tout état de cause, un créancier est subrogé au saisissant, quand celui-ci se rend coupable de fraude ou de collusion. Jamais la justice ne transige avec la mauvaise foi ; dès qu'elle en a la preuve, en toute circonstance elle la punit. Aussi, n'est-ce pas assez de priver le saisissant du droit de poursuivre, quand il en a abusé ; la loi veut encore qu'il soit tenu des dommages-intérêts, proportionnés au tort que sa fraude et sa collusion peut avoir causé. Ajoutons que le saisissant seroit poursuivi en outre extraordinairement, s'il avoit employé, pour tromper, quelque manœuvre criminelle. *Ibid.*

Pour opérer la subrogation dans tous les cas, on la demande par un simple acte d'avoué, et elle s'instruit sommairement, ainsi que nous l'avons dit plus haut. Lorsqu'elle a été prononcée, il faut que celui qui cesse d'être poursuivant remette au subrogé, sur son récépissé, les pièces de la procédure que celui-ci doit continuer ; à cet effet, le jugement ne manque pas de l'y condamner. Mais, pour éviter toute équivoque, *l'article* 724 du Code judiciaire prononce cette condamnation ; en sorte que, si elle n'étoit pas exprimée dans le jugement, on devroit l'y suppléer.

Le même article ajoute que le créancier, déchu du droit de poursuivre, ne sera payé de ses frais qu'après l'adjudication, soit sur le prix, soit par l'adjudicataire, outre le prix, selon les conditions du cahier des charges. Lorsque le poursuivant ne veut pas consentir à la subrogation demandée contre lui, pour quelque cause que ce soit, il en résulte une contestation dont les frais doivent être supportés par celui qui succombe. Par conséquent, si la subrogation est ordonnée, le poursuivant seul paie les frais de l'incident. Quelquefois il arrivoit que, par une indulgence blâmable, les juges permettoient que ces mêmes frais fussent employés en frais de poursuites, pour être payés sur le prix. L'abus qui résulte d'un pareil usage est trop évident, pour avoir échappé aux nouveaux législateurs ; ils ont décidé que les frais d'une pareille contestation ne peuvent jamais être compris dans le mémoire des frais de poursuite, ni payés en aucun cas sur le prix de l'immeuble saisi. *Ibid.*

MODELE d'Acte d'avoué contenant demande en subrogation.

« A la requête du sieur G..., marchand parfumeur à Bourges, saisissant,

» Soit signifié,

» A Me J..., avoué du sieur P..., aubergiste à Blois, autre saisissant.

» Et à M^c D..., avoué du sieur B..., demeurant à Bourges, débiteur saisi ;

» Qu'ils aient à comparoître à l'audience du tribunal civil d'Orléans, le cinq de ce mois, pour y voir prononcer sur la demande du requérant, qui,

» Attendu que la saisie immobilière qu'il a faite sur ledit sieur B..., par exploit de S..., huissier, en date du six février dernier, d'une ferme sise à Artenay, arrondissement d'Orléans, département du Loiret, a été transcrite au bureau des hypothèques à Orléans, en ce qu'elle a de plus ample que celle antérieurement faite à la requête du sieur P..., et a été dénoncée à ce dernier par exploit du douze du même mois ;

» Attendu que, depuis cette dénonciation, il s'est écoulé plus de quinze jours sans que ledit sieur P... ait fait la moindre diligence pour joindre les procédures des deux saisies ;

» Conclut à ce qu'il plaise au tribunal déclarer le requérant subrogé au sieur P....., à l'effet de continuer les poursuites sur les deux saisies ; en conséquence, ordonner que, dans les vingt quatre heures, Me J...., avoué du sieur P..., remettra au requérant, sur récépissé, les pièces qui concernent les poursuites faites jusqu'à ce jour, à la requête dudit sieur P... contre le sieur B...; condamner ledit sieur P... aux dépens, que le requérant, en tous les cas, pourra employer en frais extra-ordinaires de poursuites, sous la réserve de tous les autres droits du requérant.

» Fait à Orléans, ce trois mars mil huit cent cinq.   » *Signé* I..., avoué.

» Le présent acte a été signifié, et copie en a été laissée par moi, soussigné, huissier audiencier au tribunal civil d'Orléans, au domicile de Me J..., avoué, en parlant à un clerc, et pareille copie au domicile de Me D..., avoué, en parlant à un clerc.

» A Orléans, ce trois mars mil huit cent cinq.   *Signé* K..., huissier. »

Sur ce simple acte, le seul que la loi autorise en pareil cas, on vient à l'audience, où intervient un jugement conforme aux conclusions, si elles sont accueillies.

4°. Quand plusieurs saisies du même immreuble se présentent successivement au bureau des hypothèques, le conservateur ne transcrit que la première, ainsi que nous l'avons dit. A l'égard des autres, il mentionne son refus motivé sur l'original de chaque saisie.

Par la suite, la première saisie peut être rayée, soit parce que le poursuivant se trouve désintéressé, soit parce qu'elle est déclarée nulle par un jugement. Alors, le plus diligent des autres saisissans, à qui la transcription hypothécaire a été refusée, a le droit de poursuivre. On n'a aucun égard à la priorité; la préférence est accordée au créancier qui, le premier, fait valoir sa propre saisie, quand même elle auroit été la dernière présentée à la conservation des hypothèques. *Cod. jud.*, *art.* 725.

Ici, ce n'est pas, à proprement parler, une subrogation aux poursuites commencées, car la radiation d'une saisie rend nulles toutes les procédures qui la concernent. Aussi, le saisissant postérieur n'est-il pas autorisé à reprendre les erremens de la saisie rayée; elle est censée n'avoir jamais existé, mais il commence une nouvelle procédure sur la saisie faite en son nom. La loi a voulu seulement, dans le cas de la radiation d'une première saisie, attribuer la préférence, entre plusieurs saisissans postérieurs, à celui qui, le premier, feroit ses diligences sans qu'il fût besoin de considérer la date de sa présentation au bureau des hypothèques.

Quelle diligence un saisissant postérieur doit-il faire pour obtenir la préférence sur ses concurrens ? La première formalité à remplir, après qu'on a saisi un immeuble, est la transcription de l'exploit au bureau des hypothèques; par conséquent, dès que la première saisie est rayée, le saisissant postérieur, qui veut que la sienne en prenne la place, doit s'empresser de la faire transcrire; le conservateur ne peut plus la refuser.

Ainsi, le véritable sens de la loi est que, quand une saisie a été rayée, s'il y en a de postérieures, la préférence sera donnée à celle qui, la première, aura été transcrite au bureau des hypothèques.

CHAPITRE IV.

Des droits réclamés sur l'Immeuble saisi.

Autrefois, celui qui avoit des droits sur l'immeuble pouvoit former à la saisie une opposition motivée, qui prenoit en conséquence un nom différent, selon la nature du droit réclamé.

Ainsi, on connoissoit l'opposition *à fin d'annuller*, quand l'opposant prétendoit que l'immeuble lui appartenoit; car il n'y a pas de plus grande nullité que celle qui résulte d'une saisie faite *super non domino*. C'étoit aussi par une opposition à fin d'annuller, que le débiteur attaquoit la saisie dans sa forme ; on en parlera par la suite. Ici, occupons-nous seulement des droits réclamés par des tiers sur l'objet saisi.

Outre l'opposition à fin d'annuller, il y avoit celle *à fin de distraire*. Elle avoit lieu, lorsqu'un tiers prétendoit qu'on avoit compris dans la saisie des objets qui lui appartenoient. Cette opposition ne tendoit pas à rendre la saisie nulle ; mais il en résultoit que l'on faisoit distraction des objets qui n'étoient pas la propriété du débiteur.

On appeloit *opposition à fin de charge*, celle qui avoit pour but de faire mettre dans les conditions de la vente les charges dout le bien étoit grevé, telles qu'une rente foncière, ou une servitude.

Une quatrième opposition étoit celle *à fin de conserver* ; elle étoit formée par tout créancier hypothécaire, afin d'être payé sur le prix de l'adjudication, suivant l'ordre de son hypothèque.

Aujourd'hui, on a la même faculté de réclamer des droits sur l'immeuble ; mais ce n'est plus par opposition. Le tiers à qui l'objet saisi appartient en totalité, ou en partie, ou à qui l'immeuble doit une charge réelle, forme sa demande, soit pour que l'objet réclamé puisse être distrait de l'adjudication, soit afin de faire comprendre dans les conditions de la vente les charges que lui doit l'immeuble. Nous traiterons de cette demande dans un premier paragraphe.

Le créancier qui veut conserver son droit d'hypothèque sur le prix de l'adjudication, doit prendre une inscription ; nous en parlerons dans un second paragraphe.

§. Ier.

De la demande en distraction , et à fin de charge.

Celui à qui le tout ou partie de l'immeuble saisi appartient, ne forme point opposition à fin de distraire ; mais il fait connoître son droit, par une demande tendante à se faire rendre ce qu'il prétend avoir été compris mal à propos dans la saisie.

Il en est de même de celui qui a droit à une servitude sur l'immeuble saisi ; il ne forme pas une opposition à fin de charge ; mais, si le cahier des charges n'énonce pas celle qui est réclamée, il dirige une demande pour l'y faire comprendre. Ces deux actions sont de même nature ; ainsi, ce que la loi prescrit pour la distraction, il faut l'appliquer à la demande à fin de charge ; car le droit à une charge réelle, établi sur un immeuble, est véritablement la propriété d'une portion de l'immeuble: *jus in re*.

Le propriétaire de la totalité ou de partie de l'immeuble saisi sur une autre personne, ainsi que le propriétaire d'une servitude réelle, établie sur cet immeuble, peuvent former leur réclamation en tout état de cause, c'est-à-dire jusqu'à l'adjudication définitive. Sinon l'objet vendu est livré à l'adjudicataire ; et s'il s'agit d'une servitude, elle n'est pas comprise au cahier des charges.

Celui qui réclame sa propriété, ou une charge sur l'immeuble, est un véritable intervenant ; par conséquent il forme un incident qui doit être porté au tribunal où la vente se poursuit ; il doit y être jugé sommairement, et il est dispensé du préalable de la conciliation. *Cod. jud.*, *art.* 718.

Sur cet incident, on appelle seulement le saisissant, la partie saisie, le créancier premier inscrit hypothécairement, et l'adjudicataire provisoire, si déjà l'adjudication préparatoire a eu lieu. *Cod. jud.*, *art.* 727.

C'est par requête d'avoué que cette demande doit être formée ; ce qui arrive toujours contre le saisissant qui, dès l'origine de la procédure, a nécessairement constitué avoué. Mais, si le débiteur saisi n'avoit pas encore d'avoué en cause, la demande en revendication lui seroit signifiée à personne ou domicile. Quant au créancier premier inscrit, s'il n'avoit pas d'avoué, l'exploit seroit donné au domicile élu par son inscription. *Ibid.*

MODELE de Requête contenant Demande en distraction.

« A Messieurs les juges composant le tribunal civil d'Orléans.

» Le sieur R..., médecin à Orléans, demandeur en distraction;

Contre les sieurs

P..., aubergiste à Blois, saisissant,

B..., demeurant à Chartres, débiteur saisi,

A..., maréchal à Chartres, premier créancier inscrit;

» Expose qu'il vient de déposer au greffe du tribunal deux pièces, d'où il résulte qu'il est propriétaire de deux hectares de bois, compris, sans doute par erreur, dans la saisie que le sieur P..., par exploit de Q..., huissier, en date du huit du présent mois, a fait faire d'une ferme, appartenant au sieur B..., et sise à Artenay, arrondissement d'Orléans, département du Loiret.

» En conséquence, le requérant conclut à ce

que, sans s'arrêter ni avoir égard à ladite saisie, en ce qui concerne les deux hectares de bois dont il s'agit, la radiation en soit faite par le conservateur des hypothèques à Orléans, sur la présentation du jugement à intervenir ; que mention soit faite de ce jugement en marge de la transcription, qui a eu lieu, de ladite saisie, soit audit bureau des hypothèques, soit au greffe du tribunal. Le requérant conclut en outre aux dépens, sous toutes réserves de ses droits.

» Pour justifier que ses titres de propriété ont été déposés au greffe, le requérant donne, avec la présente requête, copie de l'acte de dépôt, énonçant les deux pièces justificatives.

» Fait à Orléans, ce vingt-deux février mil huit cent cinq.   » *Signé* N..., avoué.

» Suit la teneur de l'acte de dépôt :

» Aujourd'hui, vingt-un février mil huit cent cinq, a comparu au greffe du tribunal civil d'Orléans, Mᶜ N..., avoué du sieur R..., médecin, demeurant à Orléans, rue Bannier, n° 28, département du Loiret. Il a déclaré qu'il se proposoit de former sa demande en distraction de deux hectares de bois, situés dans la commune d'Artenay, arrondissement d'Orléans, et compris, par erreur, dans la saisie faite, par procès-verbal de Q..., huissier, en date du huit février présent mois, sur le sieur B..., propriétaire, demeurant à Chartres, rue Notre-Dame, à la requête du sieur P..., aubergiste à Blois, place du Marché.

» Pour se conformer à la loi, ledit Mᵉ N... a préalablement déposé les pièces qui justifient que les deux hectares de bois dont il s'agit lui appartiennent.

» La première est l'expédition d'un acte de partage, etc. ;

» La seconde est la grosse d'un bail, etc.

» Du dépôt des deux pièces ci-dessus mentionnées, le présent acte a été délivré audit Mᵉ N..., qui a signé avec le greffier.

» *Signé* N..., avoué ; C...., greffier.

» Pour copie conforme. *Signé* N..., avoué.

» La présente requête et la copie de l'acte de dépôt, qui est à la suite, ont été signifiées par moi, soussigné, huissier-audiencier au tribunal civil d'Orléans, et copie en a été laissée au domicile de Mᵉ J..., avoué du sieur P..., en parlant à un clerc ; pareille signification a été faite, et copie semblable a été laissée par moi au domicile de Mᵉ D..., avoué du sieur B..., en parlant à un clerc ; la même signification, et autre copie des mêmes requête et acte, a été par moi remise au domicile de Mᵉ L..., avoué du sieur A..., en parlant à un clerc.

» A Orléans, ce vingt-trois février mil huit cent cinq. » *Signé* K..., huissier. »

Si la partie saisie, ou le créancier premier inscrit, n'avoit pas encore d'avoué en cause, la demande en distraction, au lieu d'être mise en forme de requête, leur seroit signifiée, par exploit, à personne ou domicile. A l'égard du saisissant, la demande incidente lui est toujours signifiée par requête, parce qu'il a nécessairement un avoué dans l'instance.

Lors de la demande en distraction, si l'adjudication préparatoire avoit déjà été faite, la requête, contenant la demande incidente, seroit également signifiée à l'avoué de l'adjudicataire provisoire.

De quelque manière que soit formée la demande, elle doit être précédée de la remise des titres justificatifs au greffe ; en conséquence elle contient l'énonciation de ces mêmes titres, et copie de l'acte du dépôt qui en a été fait, comme on le voit dans le modèle. *Cod. jud., art.* 728.

Si la réclamation porte sur la totalité des objets saisis, les poursuites sont nécessairement suspendues jusqu'après le jugement de l'incident ; mais, lorsque la demande a pour but de faire distraire seulement quelques portions de l'immeuble , les poursuites sont continuées pour les objets non réclamés. *Cod. jud.*, *art.* 729.

Il en est de même, s'il s'agit seulement de faire déclarer l'immeuble sujet à une charge réelle ; les procédures ne sont pas interrompues.

Cependant, si la distraction demandée, ou si la charge réelle qu'on réclame devoit produire dans l'immeuble de trop grands changemens , les juges pourroient surseoir aux poursuites pour le tout, sur la demande qui en seroit faite par une des parties intéressées. *Ibid.*

Dans le cas où déjà l'adjudication préparatoire a été faite, la demande en distraction change le contrat judiciaire de l'adjudicataire provisoire. Il s'étoit soumis seulement à l'épreuve de l'adjudication définitive ; mais d'après l'incident qui s'élève, il seroit obligé de courir l'événement d'une contestation qu'il n'avoit pas prévue. Par ces motifs, la loi l'autorise non seulement à demander le sursis à toutes poursuites, puisqu'il est une des parties intéressées, mais encore à se faire décharger de son adjudication s'il le juge à propos. *Ibid.*

Le jugement qui prononce en première instance, sur une demande en distraction , est sujet à l'appel ; mais il seroit trop nuisible à l'intérêt des parties, de laisser au condamné le délai ordinaire de trois mois pour se pourvoir. Il ne lui est donc accordé que quinze jours, à compter de la signification du jugement à personne ou domicile. *Cod. jud.*, *art.* 730.

Ce délai s'augmente d'un jour par trois myriamètres, en raison de la distance du domicile réel des parties. Ainsi le créancier premier inscrit qui a été assigné, sur la demande en distraction, au domicile élu par son inscription, devra recevoir, à son domicile réel, la signification du jugement rendu sur cette demande. S'il croit convenable d'en interjeter appel, il aura, pour user de cette voie, un délai de quinze jours, augmenté d'un jour par trois myriamètres, pour la distance qui existe entre son domicile réel et celui des parties auxquelles il doit signifier son appel. Par ce moyen, il a, pour se déterminer une quinzaine entière, quel que soit son éloignement ; et, pour que son acte d'appel puisse arriver à ceux qui doivent le recevoir, il lui est accordé l'augmentation d'un jour par trois myriamètres. *Cod. jud.*, *art.* 730.

Pour appeler du jugement dont il s'agit, on suit la forme ordinaire d'un exploit contenant les griefs, avec assignation en la Cour, pour que les intimés aient à y comparoître dans le délai de huitaine, à compter du jour où ils reçoivent l'acte d'appel; ce délai est augmenté d'un jour par trois myriamètres, pour la distance qu'il y a du domicile des intimés au lieu où siége la Cour d'appel.

Nous avons dit que la distraction de la totalité ou de portion de l'immeuble saisi, pouvoit être formée en tout état de cause, jusqu'à l'adjudication définitive; mais, quand le propriétaire de tout ou de partie de l'immeuble, ou d'une servitude dont est grevé ce bien, n'a pas réclamé avant l'adjudication définitive, son droit est-il perdu? n'a-t-il pas la faculté d'intenter, contre l'adjudicataire, les mêmes actions qu'il avoit contre le débiteur saisi?

Cette question méritoit toute l'attention des législateurs. Elle a été vivement discutée au conseil d'État et au tribunat. Les uns pensoient qu'au droit sacré de la propriété il ne pouvoit pas être porté atteinte par une adjudication judiciaire, plus que par une vente volontaire. Or, on ne met pas en doute que, dans quelques mains qu'ait passé un bien, par des actes volontaires, celui qui y prétend droit de propriété peut intenter son action tant que la prescription n'est pas acquise contre lui.

D'autres disoient que, si l'immeuble adjugé définitivement pouvoit être réclamé d'une manière quelconque, les ventes sur saisie ne se feroient jamais qu'à vil prix; que cette considération avoit déterminé notre ancienne jurisprudence à regarder comme inattaquable une adjudication judiciaire.

On ajoutoit d'ailleurs que la procédure, pour parvenir à une vente définitive, est si longue et si publique, qu'il paroît presque impossible qu'un propriétaire ne soit pas prévenu, en temps utile, d'une saisie qui peut compromettre son bien.

Enfin, on proposoit de donner, à l'adjudication définitive et judiciaire, la faculté de purger la propriété, dans le cas seulement où la partie saisie se trouvoit en possession notoire de l'immeuble depuis deux ans au moins.

Ce dernier avis étoit celui de la commission chargée par le Gouvernement de lui présenter un projet de Code judiciaire. Mais il n'a point été adopté; la loi porte expressément que l'adjudication définitive ne transmet à l'adjudicataire, sur l'immeuble vendu, que les droits qu'avoit la partie saisie. *Cod. jud.*, art. 731.

Celui qui veut enchérir un immeuble en justice doit donc en examiner les titres de propriété avec le même soin que s'il s'agissoit d'une acquisition à l'amiable chez un notaire; il y a même raison de s'assurer que la partie saisie est le vrai propriétaire de l'objet vendu;

les formalités judiciaires ne sont plus une garantie contre les droits de propriété que des tiers pourroient prétendre sur l'immeuble.

§. I I.

Des Hypothèques dont est grevé l'Immeuble saisi.

Tout créancier qui a un droit d'hypothèque sur l'immeuble saisi ne forme plus d'opposition à fin de conserver ; le Code civil a établi le mode d'inscription, soit pour constater l'existence de l'hypothèque, soit pour en fixer le rang.

Ainsi, lorsqu'un créancier apprend que l'immeuble sur lequel il a une hypothèque, soit légale, soit judiciaire, soit conventionnelle, a été saisi, ou bien il a déjà fait inscrire son titre, ou bien cette précaution n'a pas encore été prise.

Dans le premier cas, il n'a rien de plus à faire pour la conservation de son droit ; il sera nécessairement averti de la vente, et du moment où il pourra se faire colloquer à son rang, sur le prix de l'immeuble. En effet, la saisie lui sera dénoncée, comme nous l'avons dit dans la section précédente. Par ce moyen, il deviendra partie dans l'instance d'expropriation.

Si pourtant plusieurs créanciers sont dans le

même cas, et qu'il survienne des contestations incidentes, ils y sont appelés non pas chacun nommément, mais par le créancier premier inscrit; c'est le seul d'entre eux qui puisse être mis en cause, il est seul partie suffisante pour défendre l'intérêt commun de tous les créanciers; on a voulu éviter les frais.

Dans le cas où, lors de la saisie, un créancier n'a pas encore pris d'inscription, il est à temps de remplir cette formalité, jusqu'à la transcription de l'adjudication définitive.

La dénonciation que le poursuivant est obligé de faire aux créanciers inscrits, avant la première publication, n'a pas lieu sans doute à l'égard du créancier qui, à cette époque, n'a pas encore pris d'inscription; mais, s'il se fait inscrire postérieurement, son hypothèque sera placée à son rang, lors de la distribution du prix de la vente. Cependant, il faut que l'inscription soit prise avant que l'adjudication définitive ait été transcrite sur le registre des hypothèques; car cette transcription dépossède le débiteur, de manière qu'il n'est plus temps de s'inscrire sur un immeuble qui ne lui appartient plus.

L'hypothèque d'une femme sur les biens de son mari, pour raison de sa dot, est légale, ainsi que l'hypothèque d'un mineur ou interdit sur les biens de son tuteur, pour raison de la gestion de celui-ci; elles existent indépendamment de toute inscription, et conservent leur date, l'une à compter du jour du contrat de mariage, et l'autre du jour de l'acceptation de la tutèle. *Cod. civ.*, *art.* 2135.

Il résulte de là que, s'il s'agit d'exproprier un mari, ou un tuteur, l'hypothèque de la femme, ou bien celle du mineur ou interdit, est conservée de plein droit sur le prix de l'immeuble.

Si, malgré cette précaution de la loi, le prix de l'immeuble d'un mari, ou d'un tuteur, étoit distribué sans que la femme, le mineur, ou l'interdit, eût été colloqué, faute d'avoir fait connoître l'hypothèque légale avant la clôture de l'ordre, le mari et le tuteur seroient responsables des dommages-intérêts résultant de leur négligence; et même ils seroient réputés stellionataires, et par conséquent contraignables par corps. *Cod. civ.*, *art.* 2135.

Le subrogé tuteur, étant établi pour veiller aux intérêts que le mineur ou l'interdit peut avoir contre le tuteur, est tenu, sous sa responsabilité personnelle, et à peine de tous dommages-intérêts, de faire prendre, dans les délais convenables, les inscriptions légales, pour raison de la gestion du tuteur. *Ibid.*

CHAPITRE V.

Des autres Incidens à la Saisie immobilière.

Un des obstacles que le débiteur peut apporter à la saisie, est l'appel du jugement en vertu duquel il est poursuivi, lorsque ce jugement a été rendu en première instance. Cette circonstance a mérité l'attention particulière de la loi; nous en parlerons dans un premier paragraphe. Il arrive aussi que, pendant le cours des poursuites, les parties attaquent leurs actes respectifs comme nuls et irréguliers. On distingue à ce sujet les nullités qui précèdent l'adjudication préparatoire, et les nullités qui lui sont postérieures; ce sera la matière de deux autres paragraphes.

§. Ier.

De l'Appel du jugement en vertu duquel est faite la Saisie.

Une saisie immobilière peut se faire en vertu d'un titre exécutoire quelconque; par conséquent elle peut avoir lieu en vertu d'un jugement. Lorsque la partie saisie veut gagner du temps, elle s'avise quelquefois d'interjeter appel du jugement qui sert de titre au poursuivant, quoiqu'elle n'eût pas songé à prendre cette voie, sans la contrainte qu'elle éprouve.

La faculté d'interjeter appel de tous les jugemens qui statuent sur des contestations incidentes à la saisie immobilière ne peut s'exercer,
comme on l'a dit, que pendant une quinzaine.
Mais le jugement, en vertu duquel est faite la
saisie, n'est pas compris dans cette disposition,
puisqu'il est le titre fondamental des poursuites,
et non pas un simple accessoire. Cependant,
laissera-t-on au débiteur tout le délai qui est
accordé en général pour l'appel de jugemens ?
Il en résulteroit qu'il choisiroit souvent, pour
interrompre la procédure, un moment où il
seroit important qu'elle ne fût pas retardée.

Pour éviter cet inconvénient, le Code a décidé que l'appel du jugement, en vertu duquel
a été faite la saisie, ne peut plus être interjeté,
quand les trois jours qui précèdent la mise du
cahier des charges au greffe, sont expirés. Jusqu'à cette époque seulement, l'assignation,
contenant l'appel, peut être signifiée. En même
temps elle doit être dénoncée au greffier du tribunal où la saisie se poursuit ; et ce greffier vise
l'original de l'exploit de dénonciation. *Cod.
jud.*, *art.* 726.

On a voulu éviter les surprises, et assurer la
suspension des procédures pendant l'instance
d'appel. Le tribunal, averti ainsi par son greffier que le titre du saisissant est attaqué, ne per-

mettra pas de faire des poursuites ultérieures avant qu'il ait été statué en dernier ressort. *Cod. jud.*, *art.* 726.

Si les formalités qu'on vient d'expliquer ne sont pas remplies dans le temps prescrit, le débiteur n'est plus reçu à se pourvoir par appel contre le jugement dont il s'agit. Ainsi, il ne suffit pas qu'il ait fait signifier son intimation, il faut encore qu'il l'ait dénoncée au greffier, et que celui-ci ait visé l'original de l'acte d'appel ; autrement, sans égard à l'appel irrégulier, il seroit passé outre aux poursuites et à l'adjudication définitive. *Ibid.*

Si le jugement, dont est appel, est exécutoire par provision, la suspension des procédures aura-t-elle lieu ? Non, sans doute : elles seront continuées nonobstant l'appel ; mais les poursuites ne pourront se faire que jusqu'à l'adjudication définitive exclusivement. On ne procédera à cette adjudication que quand il aura été statué sur l'appel. En effet, comme on l'a dit dans la section précédente, l'expropriation forcée ne peut être opérée qu'en vertu d'un jugement définitif rendu en dernier ressort, ou passé en force de chose jugée.

§. II.

Des nullités de la procédure antérieure à l'adjudication préparatoire.

Le moyen le plus ordinaire, qu'emploie un débiteur saisi, est d'attaquer les diverses parties de la procédure comme nulles. Pour éviter les abus qui pourroient résulter de cette faculté, la loi a réglé que les nullités, concernant les procédures antérieures à l'adjudication préparatoire, ne sont plus proposables après que cette adjudication a été prononcée. *Cod. jud.*, *art.* 733.

Ce n'est plus, comme autrefois, par forme d'opposition à fin d'annuller, que les moyens de nullité sont proposés. Ils font l'objet d'une demande qui s'introduit, par acte d'avoué, sans préalable de conciliation, et s'instruit sommairement, comme tout incident à une saisie immobilière. *Cod. jud.*, *art.* 718.

Toute demande en nullité, formée avant l'adjudication préparatoire, empêche que cette adjudication ne soit prononcée, jusqu'à ce qu'il ait été statué sur l'incident. Si la nullité est accueillie, les poursuites ne peuvent être reprises qu'en recommençant les procédures déclarées nulles, et toutes celles qui les ont suivies.

Si les moyens de nullité sont rejetés, et que les

procédures se trouvent conduites jusqu'à l'adjudication préparatoire, elle sera prononcée par le même jugement. *Cod. jud.*, *art.* 733.

De là il suit que les audiences des criées, en cas d'expropriation forcée, doivent être tenues, non pas comme celles· des licitations, par un juge commis, mais par le tribunal; il doit pouvoir décider sur-le-champ les difficultés qui se présentent relativement aux saisies immobilières. Lors donc qu'on est près de faire l'adjudication préparatoire, et qu'une nullité est proposée, il faut que le tribunal, dans la même audience où il aura rejeté les moyens de nullité, puisse, s'il y a lieu, adjuger provisoirement l'immeuble saisi.

On a la faculté d'interjeter appel d'un jugement qui statue sur une demande en nullité, comme de tous ceux qui prononcent sur d'autres incidens à une saisie immobilière. Mais, quand les moyens de nullité sont rejetés, le même jugement prononce l'adjudication préparatoire, si le temps de la faire est arrivé; en sorte que la considération de l'appel ne doit pas arrêter. En effet, cette adjudication n'étant que provisoire, elle ne préjudicie en rien au droit des parties, qui peuvent user de la voie de l'appel si bon leur semble.

Au reste, pour cet appel, comme pour tous

ceux des jugemens rendus pendant le cours d'une saisie immobilière, il n'est accordé que quinzaine. En cette occasion, le délai court du jour où le jugement a été signifié à avoué; on n'exige pas que la signification ait été faite à personne ou domicile; on veut accélérer la marche de la procédure. *Cod. jud.*, *art.* 734.

Il faut donc que les avoués se fassent autoriser, par avance, à interjeter appel des jugemens qui pourroient statuer sur des nullités, en matière de saisie immobilière; autrement, si leurs parties demeurent loin, il est à craindre que le temps utile pour appeler ne soit trop court, pour envoyer les pouvoirs nécessaires.

La forme de cet appel est la même que celle des actes du même genre, puisque la loi ne prescrit rien de particulier à cet égard. Elle dit seulement qu'il sera notifié au greffier et visé par lui. *Ibid.*

Ainsi, on doit signifier l'acte d'appel par exploit, à personne ou domicile, déduire les griefs, et assigner en même temps en la Cour, dans les délais ordinaires. Une copie de ce même acte est signifiée au greffier du tribunal où se poursuit la vente, et ce greffier met son visa sur l'original de la notification.

On a dit que le jugement qui rejette les moyens de nullité, peut prononcer l'adjudication préparatoire; d'où on a conclu que l'appel de ce jugement ne peut empêcher cette adjudication, quand elle est en état d'être faite. Mais, au moins, l'appel doit-il suspendre l'adjudication définitive, jusqu'à ce qu'il ait été statué par un arrêt sur les moyens de nullité.

§. III.

Des Nullités postérieures à l'adjudication préparatoire.

Après l'adjudication préparatoire, il n'est plus possible d'attaquer de nullité les procédures qui l'ont précédée. On ne peut donc s'occuper, quand elle a été prononcée, que des nullités des actes postérieurs. Elles doivent être proposées nécessairement vingt jours, au moins, avant celui qui est indiqué pour l'adjudication définitive. Dès que ces vingt jours sont commencés, aucun moyen de nullité n'est recevable. *Cod. jud.*, *art.* 735.

Ce n'est plus, comme autrefois, par opposition qu'on procède, pour faire annuller une des procédures qui suit l'adjudication préparatoire. On forme la demande par requête d'avoué; elle doit contenir indication d'un jour fixe pour venir plaider. *Cod. jud.*, *art.* 735.

Le jour auquel le défendeur à l'incident est cité par cette requête, doit être très-prochain;

car les juges sont tenus de statuer sur les nullités dont il s'agit, dix jours avant l'adjudication définitive. De là naît l'obligation où est
le demandeur en nullité de mettre le tribunal
à portée de prononcer dans le temps prescrit.
Cod. jud., *art.* 735.

Si les moyens de nullité sont trouvés valables, on recommence les procédures viciées ;
et, s'il y a lieu, un nouveau jour est indiqué
par le jugement pour l'adjudication définitive.

Si les nullités ne sont pas admises, rien n'arrête l'adjudication définitive; elle se fait le jour
qui se trouvoit indiqué avant la demande incidente.

Elle peut être retardée néanmoins par l'appel du jugement qui rejette les moyens de nullité. Mais, pour qu'on ne puisse abuser de cette
voie, à l'approche de l'adjudication définitive,
la loi n'accorde que huitaine, pour appeler
d'un jugement qui prononce sur une demande
en nullité, concernant des procédures postérieures à l'adjudication préparatoire. Ce délai
court, non pas comme dans les autres circonstances, du jour de la signification du jugement,
mais du jour où il a été prononcé. *Cod. jud.*,
art. 736.

Par cette disposition, il est évident que la
loi ne favorise pas beaucoup cette sorte d'ap-

pel. Il devient donc nécessaire que la partie qui n'est pas sur les lieux mêmes, ait la précaution de donner, par avance, à son avoué, l'autorisation d'appeler des jugemens concernant les nullités ; autrement, il y auroit souvent impossibilité d'envoyer un pouvoir en temps utile.

Au surplus, cet appel, fait dans la forme ordinaire, doit, comme tous ceux qui sont incidens à une saisie immobilière, être dénoncé au greffier du tribunal où le jugement a été rendu : ce greffier vise l'original de la dénonciation. C'est par cette formalité que le tribunal est instruit légalement qu'il y a appel, et qu'il doit surseoir à l'adjudication définitive, jusqu'à ce que la Cour ait statué. *Cod. jud.*, *art.* 736.

Par une dernière précaution, la loi défend aux parties de proposer en Cour d'appel d'autres moyens de nullité, que ceux présentés en première instance. On a voulu ôter aux plaideurs obstinés tout prétexte injuste de différer la vente de l'immeuble saisi. *Ibid,*

C H A P I T R E V I.

De la Folle Enchère,

On appelle *folle enchère*, celle sur laquelle a été adjugé l'immeuble saisi, quand l'adjudicataire ne satisfait pas aux conditions qui lui sont imposées. On le considère comme ayant follement enchéri l'objet vendu.

Comme il ne peut se mettre en possession de l'immeuble qu'il a acquis, sans remplir les engagemens de son enchère, dans les vingt jours accordés, pour y satisfaire; dès que ce délai est expiré, sans que les conditions exigibles du cahier des charges aient été exécutées, l'immeuble peut être remis en vente sur la folle enchère de l'adjudicataire. *Cod. jud.*, *art.* 737.

Pour y parvenir, la partie la plus diligente peut prendre la poursuite de la folle enchère. A cet effet, le greffier lui délivre un certificat constatant que l'adjudicataire n'a point rempli les conditions exigibles du cahier des charges. *Cod. jud.*, *art.* 738.

Sur ce certificat, sans autre procédure ni jugement, on fait apposer de nouveaux placards et insérer dans les journaux de nouvelles annonces, dans les mêmes formes que celles prescrites pour parvenir à l'adjudication, et qu'on a expliquées plus haut. On y indique le jour où il sera fait une nouvelle publication de l'immeuble revendu sur folle enchère. *Cod. jud.*, *art.* 739.

La publication nouvelle ne peut être faite que quinzaine au moins après l'apposition des placards où elle se trouve indiquée. *Ibid.*

Le placard est signifié à l'avoué, par le ministère duquel la folle enchère a été mise, ainsi qu'à l'avoué de la partie saisie. Dans le cas où celle-ci n'auroit pas constitué d'avoué, le placard lui seroit signifié à personne ou domicile. *Cod. jud.*, *art.* 740.

Cette signification du placard doit être faite au moins huit jours avant celui qui y est indiqué pour la nouvelle publication. *Ibid.*

Quinzaine après cette première publication, il en est fait une seconde, lors de laquelle il est permis de procéder à une adjudication préparatoire. *Cod. jud.*, *art.* 741.

A la quinzaine suivante, ou à tel autre jour plus éloigné, qu'il plaît au tribunal de fixer, on fait une troisième publication, à la suite de laquelle, s'il est convenable, l'adjudication définitive peut être prononcée. *Cod. jud.*, *art.* 742.

Les seconde et troisième publications doivent aussi être annoncées chacune par des insertions dans les journaux, et par des exemplaires de placards, affichés dans les lieux désignés par la loi. Il n'est pas dit de combien de temps les annonces et les affiches doivent précéder chaque publication, il suffit que la formalité ait été remplie. Cependant, il est bon de mettre au moins huitaine d'intervalle entre les avertissemens et les publications.

Quant aux autres formalités des annonces, il faut suivre ce qui est prescrit sur cet objet dans la section précédente. *Cod. jud., art.* 742.

Pour la manière de constater les annonces et les diverses appositions de placards ; pour leur contenu ; pour la forme des publications ; pour celle des enchères et des adjudications, le même article dit que l'on doit suivre ce qui est prescrit, à l'égard des mêmes circonstances, pour la saisie immobilière.

Les publications, les enchères et les adjudications sur folle enchère, sont consignés sur le cahier des charges, à la suite de l'adjudication faite au fol enchérisseur ; en sorte que ce même cahier forme la minute du jugement qui sert de titre au nouvel adjudicataire.

Pendant toute cette procédure, dirigée contre le fol enchérisseur, il a la faculté de remplir les engagemens de son adjudication. Les poursuites cessent dès qu'il justifie de l'acquit de toutes les conditions du cahier des charges, et qu'en même temps il offre de consigner les frais occasionnés par sa folle enchère. Sur cette offre, le tribunal fixe la somme à laquelle se montent les frais ; et le fol enchérisseur doit en effectuer aussitôt la consignation ; autrement l'adjudication définitive seroit poursuivie. *Cod. jud., art.* 743.

Si, lorsque le fol enchérisseur satisfait à ses engagemens, il y a déjà eu contre lui une adjudication préparatoire, elle devient sans effet, et l'adjudicataire éventuel est déchargé de plein droit. *Ibid.*

Mais, lorsque l'adjudication définitive est prononcée, le fol enchérisseur perd tous ses droits sur l'immeuble adjugé. Alors, si le prix de la nouvelle adjudication est moindre que celui pour lequel il avoit follement enchéri, il est tenu, par corps, de payer la différence. *Cod. jud., art.* 744.

Si, au contraire, le prix de la revente de l'immeuble surpassoit le prix de la première adjudication, le fol enchérisseur ne pourroit pas réclamer l'excédent qui profiteroit aux créanciers, et après eux à la partie saisie. *Ibid.*

Sur la procédure de la folle enchère, il peut survenir des incidens ; on peut former des demandes en nullité. Pour y procéder, on suit les règles expliquées plus haut, pour les incidens et les demandes en nullité, concernant la saisie immobilière. *Cod. jud., art.* 745.

Pareillement, les appels des jugemens, rendus pendant le cours des poursuites de la folle enchère, sont soumis aux mêmes délais et aux mêmes formalités que les appels des jugemens rendus pendant les procédures de la saisie immobilière. *Cod. jud.*, *art.* 745.

Observez que l'adjudicataire définitif, sur folle enchère, n'obtient l'expédition du jugement qu'après avoir satisfait à toutes les conditions du cahier des charges; il a un délai de vingt jours pour remplir à cet égard ses engagemens. S'il laisse expirer ce terme sans justifier de l'entière exécution des clauses de son adjudication, on peut poursuivre contre lui la revente de l'immeuble sur sa folle enchère : alors on procède comme on vient de l'expliquer à l'égard du premier fol enchérisseur.

On sent bien que les conditions de la vente sur folle enchère sont les mêmes que celles auxquelles le fol enchérisseur s'étoit rendu adjudicataire. Voilà pourquoi il n'est point question d'un cahier des charges, et que les annonces et placards sont semblables à ceux qui ont été faits précédemment; on y déclare néanmoins que la revente annoncée se fait sur folle enchère, et on indique le prix auquel l'immeuble avoit été porté par le fol enchérisseur.

Le jugement qui prononce l'adjudication définitive par folle enchère est susceptible d'appel, comme celui de la précédente adjudication définitive. Comme la loi ne prescrit pas de délai particulier pour appeler de ces sortes de jugemens, on doit se conformer à la règle générale.

Cependant, s'il n'a été signifié aucun appel dans les vingt jours, on peut exiger l'entière exécution des conditions exigibles de l'adjudication ; sinon on peut, contre l'adjudicataire, poursuivre une nouvelle revente sur sa folle enchère. Si, après les vingt jours, et pendant qu'on poursuit la revente, il survient un appel du jugement de l'adjudication, il faut suspendre toute procédure jusqu'après l'arrêt définitif.

DEUXIÈME PARTIE.

DE LA VENTE JUDICIAIRE DES IMMEUBLES SURENCHÉRIS, DES MINEURS, LICITÉS, etc.

Un majeur, maître de disposer de ses droits, lorsqu'il veut volontairement vendre ses immeubles, ne peut pas les mettre aux enchères en justice, les tribunaux ne le permettroient pas, d'après la défense portée par le Code de la procédure civile. *Art.* 746.

On ne doit suivre la voie judiciaire, pour la vente des immeubles, que dans les cas désignés par la loi. L'un est celui de l'expropriation forcée; toutes les procédures en ont été expliquées dans la première partie; il reste à parler dans cette partie des autres cas qui feront la matière de quatre sections.

La première aura, pour objet, la vente des immeubles par suite de la surenchère sur aliénation volontaire.

La deuxième traitera de la vente des immeubles appartenant à des mineurs.

La troisième expliquera la vente des immeubles par licitation entre majeurs qui ne sont pas d'accord.

La quatrième sera consacrée à la vente des immeubles qu'administre un héritier bénéficiaire, ou un curateur à succession vacante.

SECTION PREMIÈRE.

De la Vente des Immeubles surenchéris, après aliénation volontaire.

Après toute espèce d'aliénation volontaire, à titre onéreux ou gratuit, les créanciers inscrits sur l'immeuble, peuvent le surenchérir, et il est mis aux enchères : alors l'aliénation volontaire, de quelque nature qu'elle soit, devient, en quelque sorte, une vente forcée, qui ne peut avoir lieu sans l'autorité de la justice.

Cette section sera divisée en six chapitres qui expliqueront :

1° Ce que c'est que la surenchère sur aliénation volontaire ;

2° Quand elle a lieu ;

3° Comment elle est formée ;

4° Pour qui la vente par surenchère peut être requise ;

5°. De quelle manière, et dans quel tribunal on procède à la vente de l'immeuble surenchéri ;

6° Quels effets résultent de l'adjudication par surenchère.

CHAPITRE PREMIER.

Ce que c'est que la surenchère sur aliénation volontaire.

Dans le sens propre, la surenchère est une enchère contenant des offres plus fortes que celles d'une enchère précédente ; mais, en droit, on ne donne le nom de *surenchère* qu'à l'offre qui s'élève au-dessus du prix d'une adjudication définitive faite en justice, ou au-dessus de la valeur stipulée dans une aliénation volontaire.

En parlant de la saisie immobilière, dans la Ire partie, nous avons expliqué ce qui concerne la surenchère après vente judiciaire ; elle consiste à offrir un quart au-dessus du prix auquel l'immeuble a été adjugé définitivement. Nous ne nous occuperons donc ici que de la surenchère sur aliénation volontaire ; elle est autorisée par le Code civil ; il en a fait un moyen de purger les immeubles des priviléges et hypothèques dont ils sont affectés.

Le nouveau propriétaire, quel qu'il soit, acquéreur, ou donataire, légataire, s'il veut purger son immeuble, fait transcrire son titre en entier par le conservateur des hypothèques, dans l'arrondissement duquel le bien se trouve situé.

Il fait ensuite signifier ce même titre à tous les créanciers qui ont pris des inscriptions hypothécaires; ceux-ci alors ont le droit de surenchérir. Dans un délai, dont on parlera dans la suite, tout créancier, à qui l'aliénation a été signifiée, peut requérir que l'immeuble soit vendu par adjudication publique, en offrant de le porter ou de le faire porter à un prix d'un dixième plus haut que celui énoncé dans le titre d'aliénation.

On voit que la surenchère, dont il est question ici, diffère de celle faite sur adjudication en justice; par cette dernière, on doit offrir un quart au-dessus du prix; la surenchère, après aliénation volontaire, est admise pour une augmentation d'un dixième seulement.

Observez que, si le prix de l'immeuble, en cas de vente, étoit suffisant pour payer tous les cranciers inscrits, il n'y auroit pas lieu à surenchérir; après la transcription de son titre, l'acquéreur, sans leur faire aucune signification, les solderoit, feroit rayer leurs incriptions, et purgeroit ainsi son immeuble de tous priviléges et hypothèques, sans donner ouverture à la surenchère.

Quand l'immeuble a changé de maître par

donation, ou autre titre gratuit, le nouveau propriétaire, en le faisant signifier aux créanciers inscrits, est tenu d'évaluer l'objet aliéné ; en sorte que la surenchère, si elle a lieu, se fait en offrant un dixième en sus du prix porté par l'évaluation. On conçoit que le donataire, qui, après la transcription de son titre, paieroit tous les créanciers inscrits, obtiendroit nécessairement la radiation de leurs incriptions, et purgeroit de cette manière l'immeuble de toute hypothèque, sans être tenu de faire aucune signification, et sans craindre la surenchère.

Le Code civil a indiqué les formes de la surenchère, et le Code de la procécure a prescrit quelques autres formalités qu'il étoit utile d'ajouter ; c'est ce que l'on va voir dans les chapitres suivans.

CHAPITRE II.

Quand a lieu la Surenchère.

Le nouveau propriétaire d'un immeuble est tenu de toutes les créances inscrites au bureau des hypothèques, jusqu'au jour où son titre de translation de propriété y a été transcrit. Il faut donc ou qu'il paie toutes ces créances en principaux et intérêts, aux échéances, comme y étoit obligé le précédent propropriétaire, ou qu'il abandonne l'immeuble sans aucune réserve. *Cod. civ.*, *art.* 2168.

Faute par lui de prendre l'un ou l'autre parti, tout créancier inscrit peut faire, au débiteur originaire qui a vendu, un commandement de payer ce qui est exigible, et au nouveau débiteur, une sommation de payer ou de délaisser l'immeuble. Un mois après ces deux exploits, ce même créancier a droit de faire vendre le gage de son hypothèque par expropriation forcée. *Cod. civ.*, *art.* 2169.

Pour éviter de telles poursuites, celui à qui la propriété d'un immeuble arrive, à quelque titre que ce soit, s'il ne fait pas rayer les inscriptions, en acquittant les créances, peut purger son immeuble de toute hypothèque, de la manière suivante :

Avant aucune poursuite de la part des créanciers incrits, ou dans le mois au plus tard, à compter de la première sommation qui lui est faite soit de payer ce qui est exigible, soit de délaisser l'héritage, le nouveau propriétaire doit faire une notification à chaque créancier, par exploit donné aux domiciles élus par les inscriptions. *Cod. civ.*, *art.* 2183.

1°. L'acte notifié contient l'extrait du titre. Ce n'est pas une copie que le nouveau propriétaire est obligé de donner ; il suffit qu'il fasse connoître la date et la qualité de l'acte ; le nom et la désignation précise de celui à qui il succède ; la nature et la situation de l'objet dont il est devenu propriétaire ; le prix et les charges faisant partie du prix, si c'est à titre onéreux qu'il acquis : si c'est à titre gratuit, il ait une évaluation de l'immeuble qui lui est donné.

2°. Le même exploit contient extrait de la transcription qui a dû être faite du titre de propriété au bureau des hypothèques.

3°. En même temps est signifié un tableau sur trois colonnes, dont la première contient la date des hypothèques et des inscriptions prises sur l'immeuble ; la seconde, les noms des créanciérs inscrits ; la troisième, le montant de chaque créance inscrite.

4°. Par le même acte, le nouveau propriétaire déclare qu'il est prêt à acquitter sur-le-champ toutes les dettes et charges hypothécaires, tant celles exigibles que celles non exigibles, jusqu'à concurrence du prix ou de l'évaluation, si l'immeuble a été donné. *Cod. civ.*, *art.* 2184.

Par là on voit que le nouveau propriétaire, qui ne veut pas purger les hypothèques, jouit des termes accordés par les créanciers à leur débiteur originaire ; tandis que, pour affranchir l'immeuble des inscriptions, il doit offrir d'employer actuellement la totalité du prix convenu, si c'est une vente, ou de l'évaluation si c'est une donation, pour acquitter les dettes, sans distinguer celles qui sont exigibles, de celles qui ne le sont pas.

L'importance d'un pareil exploit, et les conséquences qui en peuvent résulter, ne permettent pas de le laisser faire par le premier huissier requis. Le Code judiciaire veut que, sur requête présentée au président du tribunal de première instance, dans l'arrondissement des domiciles élus, c'est-à-dire, dans celui de la situation de l'immeuble, un huissier ait été commis expressément. Il est nécessaire que cette signification contienne constitution d'avoué près du tribunal où doit se faire la surenchère si elle a lieu. *Art.* 832.

MODELE d'une notification du nouveau titre de propriété.

Après avoir copié la requête et l'ordonnance mise au bas, et par laquelle un huissier est commis ; après avoir également copié l'extrait de la transcription du titre, faite sur les registres du conservateur des hypothèques, avec le tableau à trois colonnes ; l'une, contenant la date des hypothèques et des inscriptions ; une autre, les noms des créanciers inscrits ; et la troisième, le

montant des créances, l'huissier dresse son exploit ainsi :

« L'an mil huit cent cinq, le onze avril, à
la requête du sieur Laurent A...., professeur
au Lycée de Bourges, y demeurant, rue du
Tabourg, n° 21; moi, Michel G..., huissier
audiencier du tribunal civil de Bourges, y demeurant, rue Saint-Eloy, n° 18, et commis à
l'effet du présent acte, par ordonnance de M. le
président dudit tribunal, rendue en date d'hier,
et dont copie est ci-dessus, j'ai signifié au sieur
Emmanuel H...., chirurgien à Vierzon, au
domicile par lui élu chez Mᵉ C..., notaire,
demeurant à Bourges, rue du Battoir, n° 52,
par une inscription prise au bureau des hypothèques de Bourges, en date du vingt - cinq
novembre mil huit cent quatre, sur le sieur
Augustin D... marchand de bois à Issoudun,
et affectant une maison sise en ladite ville de
Bourges, rue Garancière, numérotée 15 ;

» 1°. Que le requérant, par contrat passé devant Mᵉ R..., qui en a la minute, et son confrère, notaires à Issoudun, le trente février
dernier, a acquis dudit sieur D... la maison
susdite, moyennant le prix de douze mille
francs, payables en deux termes égaux ; savoir :
six mille francs dans six mois, et six mille francs
au bout de l'année; et encore à la charge de

payer d'abord cent cinquante francs de rente perpétuelle, au principal de trois mille francs, à l'hôpital de Bourges ; et de payer en outre, au mois de mai prochain, trois années d'arrérages échus de ladite rente ;

» 2°. Que ledit contrat d'acquisition a été transcrit au bureau des hypothèques de Bourges, le quinze mars suivant, comme on le voit par l'extrait de cette transcription dont copie est donnée ci-dessus, avec le tableau à trois colonnes des créances hypothécaires auxquelles, à cette époque, ladite maison étoit affectée, et au nombre desquelles se trouve celle dudit sieur H...;

» 3°. Que le requérant est prêt à employer, jusqu'à concurrence de ladite somme de douze mille francs, pour acquitter sur-le-champ lesdites créances hypothécaires, sans distinction de celles qui sont exigibles de celles qui ne le sont pas, et qu'à l'effet du présent acte, il constitue Me T... pour son avoué, près du tribunal civil de Bourges.

» Copie du présent acte, de la requête et de l'ordonnance y mentionnés, de l'extrait de la transcription du contrat dont il s'agit, au bureau des hypothèques, et du tableau à trois colonnes, constatant les créances hypothécaires dont il est ci-dessus parlé, a été par moi laissée audit sieur H..., à son domicile élu, en parlant au clerc dudit Mᵉ C...

» *Signé* G..., huissier. »

CHAPITRE III.

Comment se fait la Surenchère.

Tant qu'un nouveau propriétaire ne fait pas transcrire et signifier son titre, l'immeuble reste chargé de toutes les dettes hypothécaires, et il n'y a pas lieu à le surenchérir. Mais, dès que la notification dont on a parlé dans le chapitre précédent, a été faite, tout créancier inscrit, qui, dans le prix ou l'évaluation, ne voit pas somme suffisante pour le payer, et qui croit que l'immeuble vaut plus qu'il n'a été vendu ou évalué, peut surenchérir. A cet effet, ce créancier fait signifier sa surenchère, tant à l'ancien qu'au nouveau propriétaire, dans les quarante jours au plus tard, à compter de la notification faite par ce dernier. A ce délai, il faut ajouter deux jours par cinq myriamètres, pour la distance qu'il y a entre le domicile élu par l'inscription du créancier, et son domicile réel. *Cod. civ.*, *art* 2185.

Ainsi, supposons que le créancier qui veut surenchérir, demeure à quinze myriamètres de la commune où est le bureau des hypothèques dans lequel il s'est inscrit, et où il a élu domicile ; il aura, pour signifier sa surenchère, non seulement le délai de quarante jours, à compter de la notification faite par le nouveau propriétaire, mais encore six jours de plus, à cause de la distance de trois fois cinq myriamètres qui sépare son domicile réel de son domicile élu.

Cet exploit contient, de la part du créancier, suivant le même article qui l'exige à peine de nullité ;

1°. Réquisition que l'immeuble soit mis aux enchères, et adjugé publiquement en justice ;

2°. Soumission de porter, ou de faire porter le prix de l'immeuble à un dixième en sus de celui de l'acquisition, ou de l'évalution faite par le nouveau propriétaire ;

3°. Offre de donner caution jusqu'à concurrence tant du prix nouveau que des charges de l'immeuble.

L'original et la copie de l'exploit signifié au domicile de l'ancien propriétaire, ainsi que de l'exploit semblable signifié au domicile du nouveau propriétaire, doivent être signés du créancier surenchérisseur, ou de son fondé de procuration spéciale : dans ce dernier cas, à la copie de chacun des deux exploits, il faut joindre copie de la procuration. Cette formalité est prescrite également à peine de nullité. *Ibid.*

Le Code de la procédure, *art.* 832, en rappelant les dispositions dont on vient de parler, ajoute que les significations auxquelles le surenchérisseur est assujéti par le Code civil, doivent être faites par un huissier commis, sur requête, par le président du tribunal du domicile de celui à qui elle est adressée. Si l'ancien et le nouveau propriétaires ne demeurent pas dans le même arrondissement, lors l'huissier commis pour signifier à l'un, peut n'avoir pas droit d'instrumenter au domicile de l'autre; dans ce cas, il faut présenter deux requêtes, l'une au président du domicile de l'ancien propriétaire, et l'autre au président du domicile du nouveau, pour avoir nomination de deux huissiers.

Dans l'un et l'autre exploit, le surenchérisseur doit constituer un avoué près du tribunal où l'adjudication publique de l'immeuble aura lieu. *Cod. Jud.*, art. 832.

Enfin, le même article exige qu'avec l'offre de fournir caution, le surenchérisseur donne assignation à trois jours devant le même tribunal, pour y faire recevoir cette caution. On y procède sommairement, suivant ce qui est prescrit au même Code, au titre des *Réceptions de cautions.*

Si la caution est rejetée, il n'est plus permis au surenchérisseur d'en présenter une autre; sa surenchère est déclarée nulle, et le nouveau propriétaire est maintenu dans la possession de l'immeuble ; il n'a plus à s'occuper que de l'exécution des conditions de son titre d'acquisition, pour purger les hypothèques. *Cod. judic.,* *art.* 833.

Cependant, si, en temps utile, il avoit été fait plusieurs surenchères, la préférence de la poursuite donnée au plus diligent ne détruiroit pas les droits des autres ; en conséquence, lorsque la surenchère du poursuivant a été déclarée nulle, soit faute d'avoir fourni caution suffisante, soit pour toute autre cause, le plus diligent de ceux qui avoient surenchéri dans les délais prescrits, est autorisé à poursuivre sa surenchère. Alors il assigne à trois jours, pour faire recevoir la caution qu'il a dû offrir par son acte de surenchère. *Ibid.*

Ici naît une question. Le créancier inscrit est-il obligé de surenchérir la totalité des objets compris dans le titre du nouveau propriétaire ? On répond que le créancier n'est tenu de surenchérir que les immeubles hypothéqués à sa créance, et situés dans le même arrondissement hypothécaire. *Cod. civ.,* *art.* 2192.

Ainsi, des meubles sont-ils compris dans le nouveau titre de propriété ? le créancier n'est pa tenu de les surenchérir. Il en est de même des immeubles non hypothéqués au profit de ce créancier, et qui se trouvent faire partie de l'aliénation. Enfin, quoique tous les immeubles soient hypothéqués à sa créance, s'ils sont situés dans des arrondissemens différens, il est libre de restreindre sa surenchère aux immeubles d'un seul arrondissement, pourvu que le titre du nouveau propriétaire y ait été transcrit.

Il résulteroit sans doute de cette restriction de la surenchère un désavantage pour le nouveau propriétaire, à qui il ne resteroit qu'une portion de ce qu'il avoit voulu posséder en totalité; aussi la loi lui accorde-t-elle un recours contre celui avec qui il a contracté. *Cod. civ.*, *art.* 2192.

Autre question. Puisque le créancier n'est pas tenu de surenchérir certains objets, compris dans le nouveau titre de propriété, par exemple, des meubles, comment fera-t-il pour offrir un dixième en sus du prix stipulé ou évalué? Toutes les fois que, dans un acte de translation de propriété, il se trouve des objets différens, tels que des meubles et des immeubles, ou des immeubles dont les uns sont hypothéqués et les autres ne le sont pas, le nouveau propriétaire, dans la signification qu'il fait de son titre aux créanciers inscrits, doit déclarer séparément le prix de chaque immeuble frappé d'hypothèques particulières : cette désignation du prix de chaque héritage séparément se fait par ventilation. *Cod. jud.*, *art.* 2192.

Faire une ventilation, c'est donner aux différens objets, compris dans le même acte, une évaluation, non pas en considérant leur valeur réelle et isolée, mais en indiquant quelle portion du prix total est applicable à chacun.

Si le créancier inscrit n'est pas tenu de surenchérir les meubles compris avec l'immeuble aliéné, il doit néanmoins faire porter sa surenchère sur les choses qui sont immobilisées par destination, ou par l'objet auquel elles s'appliquent. Pour savoir en quoi consistent ces choses, voyez ce qui en a été dit dans la première partie, section Ire, chapitre Ier.

MODELE de Surenchère signifiée.

Après avoir copié la requête et l'ordonnance qui commet un huissier pour signifier la surenchère, par exemple à Issoudun, cet huissier dresse son exploit ainsi :

« L'an mil huit cent cinq, le quinze mai, à la requête du sieur Emmanuel H...., chirurgien, demeurant à Vierson ; moi, Jean P..., huissier de la justice de paix d'Issoudun, y demeurant, rue du Cerf, nº 4, et commis à l'effet du présent acte, par ordonnance de M. le président du tribunal civil de cette ville, rendue le neuf de ce mois, et ci-dessus transcrite, j'ai signifié au sieur Augustin D..., marchand de bois, demeurant à Issoudun, rue de la Commune, n° 41, que ledit sieur H... requiert la mise en vente publique de la maison sise à Bourges, rue Garancière, n° 13, et vendue par ledit sieur D... au sieur Laurent A..., orfèvre à Bourges, par contrat passé devant Me R..., qui en a la minute, et son confrère, notaires à Issoudun, le trente février dernier, moyennant le prix de douze mille francs, et à la charge, en outre, d'une rente annuelle et perpétuelle de cent cinquante francs, au principal de trois mille francs, et de payer trois années d'arrérages échus de ladite rente; ce qui porte le prix de ladite maison à un capital de quinze mille quatre cent cinquante fr.

» En conséquence, pour surenchère, le requérant s'oblige à faire porter l'adjudication de ladite maison à un dixième en sus dudit capital, ce qui fera un total de seize mille neuf cent quatre-vingt-quinze francs; savoir: treize mille cinq cent quarante-cinq francs comme prix principal de l'adjudication, trois mille francs pour le capital de la rente de cent cinquante fr., et quatre cent cinquante francs pour les trois années d'arrérages qui sont dus.

» Le requérant offre, en outre, de donner

caution valable du prix total de sa surenchère, montant à seize mille neuf cent quatre-vingt-quinze francs, et il constitue M^c V... pour son avoué, près du tribunal civil de Bourges, à l'effet de poursuivre la vente sur la présente surenchère.

» L'original et la copie du présent exploit ont été signés par le sieur Noël G...., marchand de toiles, demeurant à Issoudun, rue des Quatre-Degrés, comme fondé de la procuration spéciale que le requérant lui a souscrite, par acte passé en brevet devant Me O.... et son confrère, notaires à Vierzon, le neuf du présent mois, et dont copie, avec celle du présent acte, ainsi que celle de la requête et de l'ordonnance y mentionnées, ont été par moi laissées au domicile dudit sieur D..., en parlant à une femme qui m'a dit être sa fille.

» *Signé* P..., huissier. »

Le second exploit, de même genre, qu'il faut signifier au nouveau propriétaire, ressemble en tout à celui-ci, sauf qu'il est fait par un autre huissier commis par le président du tribunal civil de Bourges, attendu que ce nouveau propriétaire demeure dans cette ville, qui est d'un arrondissement judiciaire, autre que celui où le vendeur est domicilié.

CHAPITRE IV.

Par qui la Surenchère peut être requise.

On a vu que la surenchère peut être requise par tous les créanciers qui se trouvent inscrits, à l'époque où le nouveau propriétaire présente son titre au bureau des hypothèques; ce sont les seules dont il puisse connoître les créances, et les faire entrer dans ses combinaisons. *Cod. civ., art.* 2185.

Néanmoins on fait une exception pour celui qui a obtenu un droit général d'hypothèque sur les biens de son débiteur, aux termes des articles 2123 et 2128 du Code civil; c'est-à-dire, pour celui dont l'hypothèque résulte soit d'un jugement, soit d'un acte passé en pays étranger, quand les traités ou les lois politiques lui donnent hypothèque générale en France; souvent le créancier, dans ces deux circonstances, ne connoît pas les immeubles de son débiteur; il ne sait pas où prendre inscription.

Cet inconvénient n'arrive pas, à l'égard de l'hypothèque résultant d'un acte volontaire passé en France, puisqu'elle n'a lieu que par la désignation de l'objet sur lequel elle repose. Celui qui a une pareille hypothèque spéciale ne peut jamais ignorer la situation de l'immeuble qui lui est indiqué; il seroit dans son tort, s'il n'avoit pas encore pris son inscription, lorsque l'aliénation de ce même immeuble est présenté à la transcription.

Quant à celui qui a une hypothèque générale, il a besoin de chercher où sont situés les biens de son débiteur. Il n'y a pas de sa faute, si son inscription n'est pas encore prise, au moment où des immeubles, sur lesquels il a des droits, se trouvent aliénés. La loi use d'indulgence à son égard; elle lui permet de surenchérir, quoiqu'il ne soit plus temps pour les autres, pourvu qu'il ait pris son inscription dans la quinzaine, à compter du jour où le nouveau propriétaire a fait transcrire son titre d'acquisition. *Cod. jud., art.* 834.

Cette faveur s'étend à ceux dont les créances sont privilégiées sur des immeubles. Leurs droits ne sont conservés que par des inscriptions comme les hypothèques, et sont également purgés par les mêmes formalités. Par conconséquent, un créancier privilégié peut surenchérir aussi bien qu'un hypothécaire. Mais celui-ci ne jouit pas de cette faculté, s'il n'est pas inscrit avant la transcriptiou du titre translatif de propriété. Le privilégié, au contraire, peut devenir surenchérisseur, pourvu qu'il se fasse inscrire dans la quinzaine de la transcription du nouveau titre de propriété. *Ibid.*

L'obligation imposée au créancier privilégié de prendre son inscription dans la quinzaine dont on vient de parler, s'il veut avoir droit de surenchérir, ne concerne pas le vendeur de l'immeuble; son privilége, suivant l'art. 2108 du Code civil, est établi et conservé par la seule transcription du titre translatif de propriété. Si donc l'acquéreur avoit revendu avant que le précédent vendeur ait été payé, celui-ci, sans avoir besoin de s'inscrire, et par le seul effet de l'inscription d'office, se trouveroit du nombre des créanciers qui ont la faculté de surenchérir. *Cod. jud., art.* 834.

Le cohéritier à qui il revient soulte ou retour de lot, jouit, suivant l'article 2109 du Code civil, d'un délai de soixante jours, à compter de l'acte de partage, ou de l'adjudication par licitation, pour former l'inscription qui lui conserve son privilége sur les autres biens de la succession. Si l'un de ces mêmes biens est aliéné aussitôt après le partage, et si le nouveau propriétaire a fait transcrire son titre avant l'expiration des soixante jours, le copartageant, pour avoir droit de surenchérir, sera-t-il tenu de prendre son inscription dans la quinzaine? Non; le Code judiciaire n'a pas porté atteinte à la disposition du Code civil; par conséquent, tant que le copartageant est dans les soixante jours, et que l'époque de se rendre surenchérisseur n'est pas expiré, il peut surenchérir. *Cod. jud.*, *art.* 834.

Quoique les créanciers qui ont hypothèque générale, ou privilége, ou qui ont droit à un retour de partage, puissent surenchérir, en vertu d'une inscription, postérieure à la transcription de l'acte translatif, cependant le nouveau propriétaire n'est pas tenu de leur faire la notification de son titre; il ne la doit qu'à ceux qu'il trouve inscrits, lorsqu'il se présente à la conservation des hypothèques. *Cod. jud.*, *art.* 835.

Remarquez encore que les différens droits des créanciers, tels que nous venons de les expliquer, ne dérangent en rien la marche prescrite au nouveau propriétaire qui veut purger son immeuble. Faute par les créanciers, quels qu'ils soient, d'avoir requis la mise aux enchères dans les quarante jours, à dater de la notification faite aux créanciers qui se sont trouvés inscrits, et sans distinguer s'il y a des privilégiés ou des copartageans, le nouveau propriétaire reste possesseur incommutable de l'immeuble; il est tenu seulement alors, pour le purger de toutes sortes d'hypothèques, de payer le prix porté dans son acte d'acquisition, ou dans sa déclaration, s'il s'agit d'une donation. *Cod. jud., art.* 835.

CHAPITRE V.

Comment et dans quel tribunal on procède à la surenchère.

Après que la surenchère a été signifiée à l'ancien et au nouveau propriétaire, dans les délais et les formes dont on vient de parler, elle est poursuivie à la diligence, soit du surenchérisseur, soit du nouveau propriétaire, suivant les formes établies pour l'expropriation forcée. *Cod. civ., art.* 2187.

De cette disposition, il suit que, s'il n'y avoit qu'un seul surenchérisseur, quoiqu'il se trouvât plusieurs autres créanciers inscrits, la poursuite de la vente ne pourroit être provoquée que par cet enchérisseur, ou par le nouveau propriétaire; la préférence seroit accordée au plus diligent des deux. Si plusieurs créanciers avoient notifié une surenchère, eux seuls seroient en concurrence avec le nouvel acquéreur, pour avoir la poursuite ; elle appartiendroit au premier qui l'auroit commencée.

Mais par quel acte de la procédure d'expropriation forcée faudra-t-il que le plus diligent commence la poursuite de la surenchère ? Il est évident qu'il n'est ici besoin ni d'une saisie, ni des différentes formalités qui la concernent. Dès qu'il y a surenchère, le seul intérêt des créanciers est que l'immeuble soit vendu au plus haut prix possible, et en adjudication publique. Ainsi, la première chose à faire de la part de celui qui veut poursuivre la surenchère, est de remplir les formalités qui servent à donner au public la connoissance de l'objet à vendre. Pour parvenir à la vente par surenchère, le poursuivant commencera donc par faire apposer les placards indicatifs de la première publication. *Cod. jud., art.* 836.

Dans les diverses dispositions qui règlent la procédure d'expropriation forcée, et auxquelles on renvoie, il est parlé de procès verbal de saisie, et de débiteur saisi; pour n'être pas embarrassé dans leur application à la surenchère, il faut considérer que l'acte notifié par le nouveau propriétaire tient lieu de procès verbal de saisie; que le rôle du débiteur saisi est rempli par le nouveau propriétaire, si la surenchère est poursuivie par un créancier; il sera, au contraire, rempli par le créancier surenchérisseur, si le nouveau propriétaire comme le plus diligent s'est attribué la poursuite.

Ainsi, plus de difficulté pour appliquer à la surenchère les règles de l'expropriation forcée; celui qui veut être le poursuivant, commence par l'apposition des placards contenant un extrait de l'acte d'aliénation, tel qu'il a été notifié par le nouveau propriétaire. Le procès-verbal de l'apposition des placards est signifié au nouveau propriétaire, si la surenchère est poursuivie par le créancier, ou bien au créancier surenchérisseur, si le nouveau propriétaire est le poursuivant. *Cod. jud., art.* 837.

La première publication devra se faire quinzaine après que le procès-verbal d'affiche aura été signifié. *Ibid., art.* 836. En ce point, le Code judiciaire met une différence entre la surenchère et l'expropriation forcée; car, en cette dernière procédure, il ne peut y avoir ni moins d'un mois, ni plus de six semaines, entre la notification du procès-verbal d'affiche et la première publication.

En expropriation forcée, il est une formalité bien importante, c'est le dépôt au greffe du cahier des charges par le poursuivant. Dans la procédure d'une surenchère, l'acte d'aliénation volontaire, consenti au profit du nouveau propriétaire, tient lieu du cahier des charges; et le prix porté en l'acte d'aliénation, ou déclaré par le nouveau propriétaire, s'il s'agit d'une donation, tient lieu de mise à prix. *Cod. jud. art.* 838.

Pour ce qui concerne les publications, leu

nombre, leur forme, l'adjudication préparatoire, l'adjudication définitive, on observe ce
qui est prescrit par le Code judiciaire, au titre
de la *Saisie immobilière*. On trouvera cette
procédure expliquée ci-dessus dans la première
partie.

CHAPITRE VI.

Des Effets de l'Adjudication par surenchère.

Le nouveau propriétaire, sur qui est faite la
surenchère, ainsi que les créanciers surenchérisseurs et autres, peuvent se rendre adjudicataires de l'immeuble surenchéri : rien ne s'y
oppose ; mais tous ceux à qui il est interdit
d'enchérir aux criées, par expropriation forcée,
sont dans la même impossibilité légale de se
faire adjuger un immeuble vendu par suite
d'une surenchère.

Quel que soit l'adjudicataire, il est tenu, au-
delà du prix de son adjudication, de rem-
bourser au nouveau propriétaire dépossédé,
1° les frais et loyaux coûts du contrat qui a
occasionné la surenchère ; 2° les frais de la
transcription de ce contrat sur les registres du
conservateur des hypothèques ; 3° les frais de
notification de ce contrat à tous les créanciers
inscrits ; 4° les frais que le nouveau propriétaire dépossédé peut avoir faits, pour parvenir

à la vente provoquée par la surenchère. *Cod. civ.*, *art.* 2188.

Quand le nouveau propriétaire, sur qui la surenchère est faite, se rend adjudicataire de l'immeuble, il n'est pas tenu de faire transcrire le jugement d'adjudication : il n'a point été dépossédé ; sa propriété date de la transcription de son précédent titre, qui a donné lieu à la surenchère. *Cod. civ.*, *art.* 2189.

Lorsqu'un seul créancier a surenchéri, et que la surenchère est déclarée nulle, il n'y a plus lieu, comme nous l'avons dit, à poursuivre la vente publique ; le nouveau propriétaire est maintenu, sans que les autres créanciers, qui n'ont pas surenchéri, puissent exiger de lui plus que le prix énoncé dans le titre de translation.

Mais, si ce créancier surenchérisseur se désistoit de sa surenchère avant que les poursuites fussent commencées, en seroit-il de même ? le nouveau propriétaire resteroit-il en possession de l'immeuble ?

La question pourroit présenter matière à difficulté, si elle n'avoit pas été décidée textuellement par l'*art.* 2190 du Code civil.

Le désistement du créancier surenchérisseur ne peut empêcher l'adjudication publique de l'immeuble surenchéri, à moins que tous les créanciers hypothécaires n'y consentent formellement. En vain le surenchérisseur offriroit-il de payer la somme qu'il a promise au dessus du prix de la vente ou de l'évaluation ; la surenchère, une fois signifiée, ouvre à tous les créanciers inscrits un droit qui ne peut leur être enlevé sans leur participation.

Ceux qui sentent combien il y auroit de fraude, si le désistement de l'enchérisseur détruisoit l'effet de la surenchère, ne peuvent trop louer la disposition de la loi sur ce point.

En supposant que le nouvel acquéreur se rende adjudicataire de l'immeuble surenchéri, aura-t-il recours contre son vendeur, pour répéter ce que l'effet de la surenchère l'a forcé de payer, au-delà du prix porté au contrat de vente ?

En thèse générale, on doit répondre affirmativement ; parce que, sans les dettes du vendeur, le contrat auroit eu son entière exécution, et l'acquéreur n'auroit pas été obligé de payer plus que le prix convenu ; mais, comme beaucoup de circonstances peuvent modifier les obligations d'entre le vendeur et l'acheteur, la loi dit que l'adjudicataire, dans ce cas, aura son recours, tel que de droit, contre le vendeur, tant pour l'excédent du prix, que pour les intérêts de cet excédent, à compter du jour du paiement. *Cod. civ.*, *art.* 2191.

SECTION II.

De la Vente des Immeubles appartenant à des mineurs ou interdits.

On parle ici de la même manière des biens de mineurs et des biens des interdits, parce que l'interdit est assimilé au mineur, pour sa personne et pour ses biens : les lois sur la tutèle des mineurs s'appliquent donc à la tutèle des interdits. *Cod. civ., art.* 509.

Un mineur ou interdit peut être forcé à laisser vendre ses immeubles pour le paiement de ses dettes; alors, ses créanciers suivent en tous les points ce qui est prescrit pour l'expropriation dont on a parlé dans la première partie; il n'y a aucune différence entre la saisie des immeubles d'un mineur et celle des immeubles appartenant à un majeur.

Mais, soit pour éviter les poursuites des créanciers, soit pour sortir d'indivision, soit pour l'évidente amélioration de la fortune d'un mineur ou interdit, il y a souvent lieu à vendre ses immeubles, sans qu'ils aient été saisis. En général, dans tous les cas où la vente des biens de mineurs ou interdits est permise, elle ne peut se faire qu'en justice, suivant des règles

qui vont être expliquées dans les quatre chapitres suivans où on verra :

1°. Quand les immeubles des mineurs ou interdits peuvent être vendus;

2°. Ce qui concerne l'homologation de l'avis
de parens, et l'estimation des immeubles à
vendre;

3°. Comment est préparée la vente, par le
cahier des charges, par les placards et les annonces dans les journaux;

4°. De quelle manière les immeubles à vendre
sont adjugés.

CHAPITRE PREMIER.

Quand les Immeubles des mineurs ou inter-dits peuvent être vendus.

En général, les biens immobiliers appartenant à des mineurs, doivent leur être conservés jusqu'à leur majorité, seule époque où ils
deviennent maîtres de leurs droits, et de disposer de leur fortune à leur gré. On doit aussi
conserver la jouissance des biens des interdits,
soit jusqu'à leur mort, soit jusqu'à ce qu'ils aient
été relevés de l'interdiction. Cependant, il peut
arriver qu'il soit de l'intérêt d'un mineur ou interdit, de faire vendre ses immeubles; mais, à
cet égard, il est de principe que la vente de pa-

reils biens ne doit être provoquée sans la plus grande nécessité.

On donne pour exemple un immeuble qui est de nature à ne rapporter aucun revenu, et qui, au contraire, nécessite des dépenses d'entretien que la fortune du mineur ou de l'interdit n'est pas en état de soutenir. Il est évident qu'il sera plus avantageux de vendre un pareil objet, pour en placer le prix d'une manière lucrative.

Il en seroit de même, s'il y avoit certitude que l'immeuble, quoique d'un bon produit, sera saisi par les créanciers du mineur ou interdit, qui n'a pas d'autres ressources pour acquitter ses dettes. On conçoit qu'il seroit préférable de vendre volontairement l'héritage, que de laisser faire les poursuites dispendieuses d'une expropriation forcée.

On regarderoit aussi comme un cas de nécessité, celui où la vente de l'immeuble procureroit un avantage évident au mineur ou interdit. *Cod. civ., art.* 457.

Au reste, quel que soit le motif pour lequel on provoque la vente des biens immobiliers des mineurs ou interdits, il faut que la nécessité en soit reconnue par le conseil de famille, qui, si c'est pour acquitter des charges, ne doit donner son autorisation que sur le vu d'un compte sommaire, présenté par le tuteur, et qui constate que les deniers, les effets mobiliers, et les revenus du mineur ou interdit, sont insuffisans. *Cod. civ.*, *art.* 457.

Dans tous les cas, c'est-à-dire, soit qu'il s'agisse de libérer le mineur ou interdit, soit qu'on veuille lui procurer un avantage évident, le conseil de famille est tenu d'indiquer, dans sa délibération, les objets immobiliers qui doivent être vendus, et toutes les conditions qu'il croit utiles d'imposer à la vente. *Ibid.*

Dans le cas de vente, même pour raison de partage, on doit procéder sous l'autorisation de la justice, à cause des intérêts du mineur ou de l'interdit. On n'en dira pas davantage ici sur ce qui concerne les partages et licitations, parce que la section suivante est consacrée à cette matière.

CHAPITRE II.

De l'homologation de l'avis de parens, et de l'estimation des immeubles à vendre.

Dans un premier paragraphe, on verra la forme d'homologation de l'avis de parens, et dans un second, comment se fait l'estimation des immeubles à vendre.

§. Ier.

De l'homologation de l'avis de parens.

Après que le tuteur a été autorisé, par avis de parens, à faire vendre les biens du mineur ou de l'interdit, la délibération est soumise au tribunal civil de l'arrondissement dans lequel le conseil de famille a été convoqué.

Il ne se fait à ce sujet aucune procédure : une expédition de la délibération est présentée au président, qui, au bas, met son ordonnance portant qu'elle sera communiquée au procureur impérial, et nomination d'un juge pour en faire le rapport au jour qui s'y trouve fixé. *Cod. jud., art.* 885.

Au bas de cette ordonnance, le procureur impérial, à qui la pièce est remise par la voie du greffe, écrit ses conclusions et rend le même acte au greffe, où le rapporteur le prend. *Cod. jud., art.* 886.

Au jour indiqué, l'affaire est rapportée à la chambre du conseil, parce qu'il n'y a point de contestation dans une pareille circonstance, et qu'il ne s'agit que d'un examen de la part du tribunal. *Cod. civ., art.* 458.

Si les juges ne trouvent pas qu'il y ait nécessité suffisante, l'avis de parens ne reçoit aucune autorisation, en sorte qu'il ne peut pas être exécuté ; mais, quand le tribunal approuve le parti adopté par le conseil de famille, le jugement prononçant que l'avis de parens est homologué, s'écrit à la suite de l'ordonnance du président, et des conclusions du ministère public, sur le même cahier qui reste dans les minutes du greffe. Une expédition du tout est délivrée par le greffier au tuteur, qui se trouve alors muni d'un titre suffisant pour faire exécuter l'avis de parens. *Cod. jud.*, *art.* 886.

§. I I.

De l'estimation des immeubles à vendre.

Quel que soit le motif pour lequel la vente d'un bien de mineur, ou interdit, est autorisée par le conseil de famille, le jugement qui homologue la délibération, nomme d'office un ou trois experts pour faire l'estimation de ce même bien. On ne doit jamais nommer les experts en nombre pair, parce qu'il en résulte souvent un partage d'opinion ; ce qui occasionne la nomination d'un tiers expert, et ce qui entraîne dans des longueurs et dans des frais que le Code judiciaire a voulu éviter. Le tribunal s'arrête au nombre d'un ou de trois experts, selon l'importance des objets. *Cod. jud.*, *art.* 954.

Le même jugement ordonne que les enchères

publiques seront reçues, ou par un membre du tribunal, ou par un notaire, selon qu'il paroît plus convenable, d'après les circonstances : dans l'un et l'autre cas, le juge, ou le notaire commis, est désigné par le même jugement d'homologation. *Cod. jud., art.* 934.

Si la vente se fait devant un juge commissaire, les experts nommés d'office prêtent serment en ses mains. Quand c'est un notaire qui doit procéder à la vente, le serment des experts est reçu en justice.

Quand la vente des immeubles est provoquée au nom des mineurs, c'est le tuteur qui est le poursuivant; c'est lui qui requiert la convocation du conseil de famille; c'est lui qui en soumet la délibération à l'approbation du tribunal; en un mot, c'est à sa diligence que sont faites toutes les procédures prescrites pour parvenir à l'adjudication définitive.

Dans le cas où un majeur provoque le partage contre des mineurs ou interdits, c'est lui qui remplit le rôle de poursuivant. Il n'y a pas besoin alors d'avis de parens, comme on l'a dit. Ce poursuivant commence donc par assigner le tuteur des mineurs ou interdits, pour faire nommer d'office, par le tribunal, les experts et le commissaire chargé de recevoir les enchères.

S'il a été nommé un membre du tribunal,

le poursuivant, quel qu'il soit, prend l'ordonnance de ce juge, afin de faire assigner les experts pour prêter serment à jour et à heure fixes. Mais si le commissaire est un notaire, on assigne les experts pour venir prêter serment à l'audience, à jour et heure déterminés, sans qu'il soit besoin d'ordonnance. Dans tous les cas, le procès-verbal qui constate la prestation de serment, fixe le jour et l'heure que les experts choisissent pour faire leur opération.

Quand il y a d'autres parties que le tuteur, elles doivent être par lui appelées, tant pour voir homologuer l'avis de parens, s'il en a été besoin, que pour se trouver à la visite des experts. Si elles avoient été présentes à la prestation de serment, l'indication faite au procès-verbal, du jour et de l'heure de la visite, vaudroit intimation.

Au reste, il faut suivre en cette occasion tout ce qui est prescrit par le Code judiciaire, au titre des *Rapports d'experts*, en ce qu'il y a de praticable, pour le cas où on se trouve, et pour ce qui n'est pas particulièrement ordonné pour la vente des biens de mineurs ou interdits.

Après la prestation de serment, les experts procèdent à la visite des immeubles, dont on

leur remet les titres et renseignemens nécessaires, ainsi que l'expédition de l'avis de parens, s'il y en a un, et dans tous les cas celle
du jugement qui les a nommés.

Quand ils sont au nombre de trois, ils ne
rédigent qu'un seul rapport, et ils adoptent
un avis à la pluralité des voix. Dans tous les
cas, le rapport est motivé; il doit surtout indiquer les bases sur lesquelles est appuyée leur
estimation. *Cod. jud.*, *art.* 956.

Le rapport est écrit par l'expert s'il n'y en
a qu'un, ou par l'un d'eux s'ils sont au nombre
de trois, et ils le signent tous. S'ils ne savent
pas tous écrire, le rapport est rédigé par le
greffier de la justice de paix dans le canton de
laquelle se fait l'expertise. *Cod. jud.*, *art.* 317.

La minute du rapport, soit qu'elle ait été
écrite par l'un des experts, soit qu'ils aient eu
recours au greffier du juge de paix, est déposée au greffe du tribunal, quand le commissaire nommé pour la vente est un juge : elle
se dépose chez le notaire, quand il en a été
nommé un pour recevoir les enchères. *Cod.
jud.*, *art.* 957.

On voit dans la même loi que le dépôt de
la minute du rapport a lieu sans qu'il soit besoin de l'affirmer, comme il étoit nécessaire
autrefois. *Cod. jud.*, *art.* 318.

CHAPITRE III.

Du Cahier des charges, des placards et annonces.

Dans un premier paragraphe, on parlera du cahier des charges ; et dans un second, des placards et annonces.

§ Ier.

Du Cahier des charges.

En parlant de la vente par expropriation forcée, nous avons dit ce qu'on entend par le cahier des charges. C'est un acte que dépose au greffe celui qui poursuit la vente, et où il énonce, entre autres choses, la désignation des objets, les conditions auxquelles ils seront vendus, et le prix qu'il en offre comme premier enchérisseur.

Le tuteur, qui est autorisé à procéder à la vente des biens de son mineur, ou interdit, ou tout autre poursuivant, doit pareillement faire un cahier des charges ; il le dépose au greffe, si la vente doit être faite en présence d'un juge ; le même acte est remis chez le notaire, s'il en a été commis un pour recevoir les enchères. *Cod. jud., art.* 958.

Ce cahier des charges doit contenir :

1°. L'énonciation du jugement qui a homologué l'avis de parens, et ordonné la vente ;

2°. L'énonciation du titre de propriété, afin de faire connoître comment le mineur, ou interdit, a droit aux immeubles vendus;

3°. La désignation sommaire de biens; c'est-à-dire, seulement ce qui suffit pour les indiquer, de manière à ce qu'on ne puisse pas s'y tromper;

4°. L'estimation qui a été faite par les experts, pour chaque espèce d'immeuble;

5°. Enfin, les conditions sous lesquelles doit être faite la vente, et qui résultent soit de l'avis de parens, soit du jugement qui l'a homologué, soit des observations des experts, soit des autres circonstances que fait naître l'intérêt des mineurs ou interdits. *Cod. jud., art.* 958.

Lorsque la vente doit être faite devant un des juges, il fait lire le cahier des charges publiquement à une des audiences qu'il tient pour remplir sa mission. Cette première publication est constatée par procès-verbal à la suite du cahier des charges; en même temps le commissaire fixe le jour où se fera l'adjudication préparatoire, qui ne peut avoir lieu avant un délai de six semaines au moins : il faut que tous ceux qui sont dans le cas d'acquérir aient le temps de prendre communication des titres et du cahier des charges, ainsi que de visiter les biens à vendre. *Cod. jud., art.* 959.

Si un notaire a été commis pour procéder à

la vente, c'est en ses mains que le cahier des charges est déposé. L'acte, qui constate cette formalité, est mis à la suite de ce même cahier. Quant au jour où l'adjudication préparatoire aura lieu, la loi n'en parle pas ; mais il est raisonnable de laisser passer au moins six semaines avant de s'en occuper : il faut donner aux parties le temps de faire toutes les démarches qu'elles croient utiles pour amener des enchérisseurs, et donner à ceux-ci le temps de prendre communication des titres et du cahier des charges chez ce même notaire, et de voir les objets à vendre.

§. I I.

Des Placards et Annonces.

Ce n'est pas assez d'avoir fait lire à l'audience le cahier des charges, ou de se fier aux parties sur le soin de chercher des acquéreurs ; il est nécessaire encore de donner de la publicité à la vente, par des placards et des annonces dans les journaux.

On a vu, dans la première partie, en traitant de la *Saisie immobilière*, en quoi consistent les placards : ceux dont il s'agit ici doivent contenir seulement la désignation sommaire des biens à vendre ; les noms, profession et domicile du mineur ou interdit, ainsi que du tuteur et du subrogé tuteur. On y doit indiquer également le nom et la demeure du notaire, s'il en a été commis un pour faire la vente. Il seroit aussi contraire à la loi de donner plus d'étendue aux placards, que d'y omettre ce qu'elle prescrit d'y insérer. *Cod. jud.*, *art.* 960.

Les placards doivent être apposés à trois fois différentes, pendant trois dimanches consécutifs, avant l'adjudication préparatoire. *Cod. jud.*, *art.* 691.

On affiche ces placards, suivant le même article,

1°. A la principale porte de chacun des bâtimens dont la vente est poursuivie;

2°. A la principale porte de la maison commune des lieux où se trouvent situés les biens à vendre;

A Paris, qui est divisé en douze municipalités, à la principale porte seulement de la municipalité de l'arrondissement où sont situés les biens;

3°. A la porte extérieure du tribunal qui a permis la vente; et à la porte du notaire, s'il en a été commis un pour recevoir les enchères.

Les maires des communes, dans lesquelles des placards sont affichés, doivent apposer leur visa, sans aucun frais, sur un des exemplaires de ces mêmes placards. Par cet arrangement, si la vente a été affichée dans trois municipalités, un exemplaire, destiné à cet effet, contiendra le visa que les trois maires y apposeront successivement. Cet exemplaire est joint aux titres des biens à vendre, dont communication doit être donnée, ainsi que du cahier des charges, soit au greffe, soit chez le notaire, s'il en a été commis un pour procéder à la vente. *Cod. jud.*, *art.* 961.

Quant à l'annonce dans les papiers publics, elle consiste à insérer une copie du placard dans un des journaux imprimés dans le lieu où la vente doit se faire; et s'il ne s'y imprime aucun journal de l'espèce de ceux où ces sortes d'annonces peuvent être insérées, on s'adresse à un des journaux qui s'impriment dans le département. Enfin, s'il n'en existe pas dans le département, on est dispensé de cette formalité. *Cod. jud.*, *art.* 962.

Il n'est exigé qu'une seule annonce avant l'adjudication préparatoire; mais elle doit être faite au moins huitaine avant le jour fixé pour cette première adjudication. *Ibid.*

L'apposition des placards est constatée par un procès-verbal. L'insertion au journal se prouve par un exemplaire de la feuille où est l'annonce; au bas de cet exemplaire est la signature de l'imprimeur de ce journal, ainsi que la légalisation du maire de la commune où demeure l'imprimeur. *Voyez*, sur la forme de constater l'apposition des placards et les annonces dans les papiers publics, ce que nous avons dit dans la première partie, pour pareilles procédures, à l'occasion de la saisie immobilière.

Après que l'adjudication préparatoire a été faite, on ne peut procéder à l'adjudication définitive, si de nouveaux placards n'ont été affichés huit jours au moins d'avance, et si une nouvelle annonce n'a été faite dans le journal. On suit, pour cette réitération, les mêmes formalités qu'on a observées, pour ces deux moyens de publicité, avant l'adjudication préparatoire.

CHAPITRE IV.

Des Adjudications préparatoire et définitive.

Au jour indiqué pour l'adjudication préparatoire, les enchères sont reçues par le juge-commissaire, dans le lieu où siége le tribunal ; ou par le notaire, dans son étude, si c'est devant un notaire que la vente a été permise.

Les formes prescrites pour la réception des enchères, et pour ce qui concerne chaque adjudication, en matière de saisie immobilière, sont observées quand il s'agit de la vente des biens de mineurs ou interdits. Une seule différence a lieu entre la vente faite devant un juge-commissaire, et celle à laquelle procède un notaire commis : dans le premier cas, les enchères ne peuvent être proposées que par des avoués ; tandis qu'en l'étude du notaire, leur ministère n'est pas nécessaire. *Cod. jud.*, *art.* 965.

Le procès-verbal des enchères est mis sur le cahier des charges ; et à la suite est consignée l'adjudication préparatoire, qui est faite au plus offrant et dernier enchérisseur, après l'extinction des bougies, comme on l'a expliqué dans la première partie, en parlant des mêmes formalités pour la saisie immobilière.

Par le procès-verbal de cette première adjudication, on fixe le jour où se fera l'adjudication définitive, qui, comme on l'a dit plus haut, doit être rendue publique, huit jours au moins d'avance, par de nouveaux placards, et par une nouvelle annonce dans un journal.

On procède à l'adjudication définitive, comme on vient de l'expliquer pour l'adjudication préparatoire. Sur le même cahier où celle-ci est constatée, et à la suite, on rédige le procès-verbal de la seconde adjudication et des enchères qui la précèdent.

Dans la vente par expropriation forcée, le poursuivant met l'immeuble à prix ; et si, lors de l'adjudication définitive, il ne se présente personne qui fasse une offre plus avantageuse, l'adjudication lui reste nécessairement pour le prix de son enchère.

Il n'en peut pas être de même du cas où la vente d'un bien de mineur ou interdit est ordonnée ; il n'y a pas, dans cette occasion, de créancier saisissant, tenu de proposer une première enchère. La mise à prix est faite par des experts, comme on l'a vu plus haut. Or, si leur estimation est trop élevée, et que ni lors de l'adjudication préparatoire, ni lors de l'adjudication définitive, aucun enchérisseur ne se présente ; ou bien, si les enchères qui sont proposées ne montent pas au prix déterminé par les experts, que faudra-t-il faire ?

Soit que la vente se fasse devant un juge, soit qu'elle ait lieu en l'étude d'un notaire, il faudra surseoir à l'adjudication définitive. Le tribunal, à la diligence, et sur la requête du poursuivant, ordonnera ce que les circonstances indiqueront de plus raisonnable.

Néanmoins, les juges sont autorisés à permettre que l'immeuble soit adjugé au plus offrant et dernier enchérisseur, même au dessous de l'estimation. *Cod. jud., art.* 964.

On conçoit qu'un pareil jugement doit être rendu avec la plus grande connoissance de cause. Au reste, dans cette circonstance, comme dans toutes celles où des mineurs sont intéressés, le jugement ne peut être rendu que sur les conclusions du ministère public.

Quand le tribunal permet que la vente soit faite pour un prix moindre que celui de l'estimation, il fixe, par son jugement, le jour où sera faite l'adjudication définitive; il doit donner au moins un délai de quinzaine. *Cod. jud., art.* 964.

Cette dernière adjudication est annoncée au public par de nouveaux placards, et par une nouvelle insertion au journal. On suit, à cet égard, toutes les formes prescrites, pour les mêmes moyens de publicité, employé avant l'adjudication préparatoire. *Ibid.*

La loi exige que l'apposition de ces derniers placards, et que cette dernière annonce dans un journal, se fassent au moins huitaine avant le jour indiqué pour la vente. *Ibid.*

Pour la réception des enchères, et l'adjudication, dans cette séance décisive, on observe les mêmes formalités que pour l'adjudication préparatoire. Nous avons dit plus haut qu'on y procède de la même manière qu'on l'a expliqué pour la vente par expropriation forcée. *Voyez* donc comment on a dit que les enchères sont reçues lors de l'adjudication d'un immeuble saisi; comment les bougies y sont allumées; après quel nombre de feux l'adjudication doit être faite au plus offrant et dernier enchéris-seur ; comment, lorsque les enchères sont mises par avoués, ils sont tenus de faire leur déclara-tion ; les personnes à qui, et pour qui il est défendu d'enchérir. La loi sur ce point assimile toutes les ventes judiciaires d'immeubles. *Cod. jud., art.* 965.

Le même article dit que, pour les suites de l'adjudication définitive, il faut également se conformer à ce qui est décidé relativement aux mêmes circonstances, en cas de saisie immo-bilière. Nous renvoyons donc à ce qui a été dit en la première partie, pour ce qui concerne la surenchère : elle peut avoir lieu dans la hui-taine de l'adjudication définitive, pour un bien vendu par avis de parens, comme pour un bien vendu par expropriation forcée.

Pareillement, le titre d'acquisition, pour l'adjudicataire, n'est autre chose que le cahier des charges, à la suite duquel sont les procès-verbaux des enchères et des adjudications. Cet acte est expédié, avec la formule nécessaire à tous les titres exécutoires.

Les obligations de celui qui acquiert un bien dans les formes dont on vient de parler, sont les mêmes que celles de tout adjudicataire de biens vendus en justice : l'expédition du titre n'est dé-livrée que quand l'adjudicataire justifie avoir exécuté toutes les conditions du cahier des charges. Si, dans les vingt jours qui suivent la vente qui lui a été faite, il est en retard, il peut être contraint par la voie de la folle enchère. *Voyez*, sur toutes ces circonstances, et toutes celles qui sont les suites de l'adjudication définitive, ce qui a été dit, dans la première partie, en parlant de la saisie immobilière.

SECTION III.

Des Ventes d'immeubles en Justice, par licitation.

Quand des immeubles sont possédés en commun par plusieurs personnes, le partage peut en être demandé par l'un des copropriétaires; et si les héritages ne sont pas divisibles, il faut les vendre. Dans ce cas, il y a des circonstances où la vente doit être faite en justice; on va les indiquer dans cinq chapitres, où on expliquera ce qui concerne les partages, ainsi que les formes de la vente ou licitation qui en est la suite.

1°. On verra ce que c'est qu'un partage et une licitation, et quand ils peuvent être requis;

2°. Comment se forme la demande en partage;

3°. Ce qui concerne la visite et l'estimation des biens à partager;

4°. De quelle manière on procède à la licitation ;

5°. Comment on procède au partage.

CHAPITRE PREMIER.

Ce que c'est que le Partage et la Licitation, et quand ils peuvent être requis.

Dans un premier paragraphe, on parlera du partage et de la licitation en général ; dans un second, on s'occupera du cas où les mineurs et interdits sont copropriétaires des biens à partager et liciter.

§. Iᵉʳ.

Du Partage et de la Licitation en général.

Après l'inventaire des biens d'une succession, on en connoît l'actif et le passif, ainsi que ceux qui se pétendent héritiers. Quand ils se sont déterminés à accepter la succession, il faut procéder à faire les parts, et à délivrer à chacun celle qui lui revient. L'acte qui contient cette opération se nomme *partage*. Les objets mobiliers se vendent, selon les règles prescrites par le Code judiciaire, au titre IV du livre II, seconde partie, quand la division égale ne peut pas s'en faire en nature, ou quand les copartageans ne sont pas d'accord, ou enfin quand, parmi eux, se trouvent des mineurs ou interdits; alors le prix du mobilier vendu devient l'objet à partager.

De même, les immeubles qui ne sont pas susceptibles d'être partagés en nature, sont vendus. Si les copartageans ne sont pas d'accord, s'il y en a d'absens, ou s'ils ne sont pas tous majeurs et usant de leurs droits, la vente s'en fait en justice : alors, le prix est divisé entre les ayans-droit. Cette vente se nomme *licitation*, du latin *licitatio*, qui signifie *enchère*, parce qu'en effet, c'est par la voie des enchères que les biens à partager sont vendus, quand ils ne sont pas divisibles en nature.

Par ces définitions, il est aisé de voir que la demande en partage peut être formée par toute sorte de personnes à qui il revient une portion dans les biens de la succession; et, comme les droits d'un débiteur peuvent être exercés par ses créanciers, ceux-ci peuvent actionner les co-propriétaires de l'immeuble, pour que la part de leur débiteur soit déterminée.

On voit aussi que la demande en partage contient essentiellement celle en licitation, pour le cas où les biens ne seroient pas susceptibles d'être partagés en nature.

Pareillement, on conçoit que cette demande est prématurée, lorsqu'elle est formée avant la clôture de l'inventaire; et qu'alors le demandeur est déclaré non recevable, quant à présent, sauf à se pourvoir après que l'inventaire aura été terminé.

Au reste, l'action en partage n'a pas lieu seulement pour opérer la division des biens d'une succession; elle convient aussi toutes les fois qu'on veut cesser de posséder un immeuble en commun, quelle que soit la source de la propriété indivise.

C'est surtout lorsque des mineurs, ou d'autres personnes non jouissant de leurs droits civils, ont intérêt à la demande faite pour sortir d'indivision, qu'on est tenu de suivre les formes judiciaires, soit que les biens viennent de succession, soit qu'ils aient été acquis de toute autre manière. *Cod. jud., art.* 984.

Quand tous les copropriétaires sont majeurs, qu'ils jouissent tous de leurs droits civils, qu'ils sont tous présens ou dûment représentés, il est évident qu'ils peuvent s'abstenir des voies judiciaires, et même les abandonner, en tout état de cause, si elles avoient déjà été prises; ils sont maîtres de s'accorder, soit pour laisser l'immeuble en commun, soit pour sortir d'indivision par tel moyen qu'ils jugent convenable. *Cod jud., art.* 985.

Cette liberté de disposer arbitrairement de ses biens entre majeurs, est une conséquence du droit de propriété; mais, si un seul des ayans-droit n'étoit pas présent à l'opération, ou n'y étoit pas représenté par un fondé de pouvoir spécial, il faudroit y procéder en justice. Cette manière est la seule de rendre valable, et hors de toute atteinte, un partage auquel un absent ne paroît pas; on considère l'absent non représenté comme celui qui ne veut pas, ou qui ne peut pas traiter à l'amiable, pour sortir d'indivision : on l'y force en procédant en justice.

§. I I.
Du Partage et de la Licitation par rapport aux mineurs ou interdits.

Lorsque les immeubles appartiennent indivisément à des majeurs et à des mineurs **ou** interdits, peut-on, au nom de ceux-ci, demander le partage ?

Dans le droit ancien, on regardoit comme certain que le mineur ne pouvoit jamais provoquer le partage, parce qu'il est incapable d'aucune aliénation volontaire ; comme il ne peut pas se refuser à aliéner quand il y est contraint, on admettoit qu'il devoit céder au partage requis par son copropriétaire majeur, la minorité d'une partie n'étant pas une raison pour forcer l'autre à rester dans l'indivision.

Le Code civil a porté une décision différente; il reconnoît pour principe que l'aliénation des biens de mineurs ou interdits n'est permise que quand il y a nécessité ; mais il admet qu'il peut y avoir nécessité à provoquer, au nom d'un mineur ou interdit, le partage des biens qu'il possède en commun , soit avec d'autres mineurs ou interdits , soit avec des majeurs maîtres de leurs droits.

Par exemple, si un immeuble de luxe, n'occasionnant que des dépenses sans aucun produit, tombe par succession à des héritiers dont un seul, qui se trouve mineur, n'est pas riche ; on conçoit que celui-ci auroit plus que les autres intérêt à faire vendre l'héritage, et que même il pourroit y avoir à son égard une véritable nécessité.

Ainsi, sans détruire la maxime générale qui ne permet pas de vendre les biens de mineurs ou interdits quand ils n'y sont pas forcés, le Code civil a sagement établi que le partage peut être demandé en leurs noms, toutes les fois que la nécessité en est reconnue.

L'action en partage est donc alors exercée par les tuteurs ; mais il faut qu'ils y aient été autorisés par avis de parens. *Cod. civ.*, *art.* 827.

On sait que les délibérations du conseil de famille, en matière d'aliénation, d'emprunt, et d'hypothèques à donner, ne doivent être exécutées qu'après l'homologation obtenue par le tuteur, devant le tribunal civil de première instance, qui y statue en la chambre du conseil, après avoir entendu le procureur impérial. *Cod. civ.*, *art.* 458.

Lorsque le bien indivis est productif, et que la vente ne promet aucun avantage réel pour le mineur ou interdit, il est clair que le tuteur ne peut pas être autorisé à requérir le partage. Mais si c'étoit un copartageant qui formât la demande en partage contre le mineur ou interdit, faudroit-il, pour y défendre, que le tuteur prît un avis de parens, et l'approbation du tribunal ?

Non : en pareil cas, le défendeur, n'ayant aucun droit d'empêcher son copropriétaire de sortir d'indivision, se trouve forcé d'accéder à l'action de partage : son tuteur est donc dispensé de prendre l'autorisation de la famille ; car, quel que fût l'avis des parens, il n'en faudroit pas moins souffrir le partage. *Code civil*, *art.* 953.

Remarquez que l'action en partage ne conduit pas toujours à la vente du bien possédé en commun ; il peut arriver que ce bien soit susceptible d'être divisé en autant de parts qu'il y a de copropriétaires ; alors le partage s'effectue en nature.

Ce qu'on vient de dire pour les biens de mineurs s'exécute à l'égard d'un mineur émancipé, comme à l'égard de celui qui ne l'est pas,

L'émancipation ne donne aucun pouvoir au mineur pour aliéner ses immeubles ; il est sur ce point dans une interdiction aussi complète que le mineur non émancipé. *Code civil*, art. 484.

Cependant, quand le mineur est émancipé, il peut, par lui-même, avec l'assistance de son curateur, former l'action en partage ; tandis que le tuteur seul agit pour le mineur non émancipé. *Cod. civ.*, art. 840.

Pour défendre à une demande en partage, le mineur, soit émancipé, soit même en tutèle, n'a pas besoin d'être autorisé par un avis de parens ; car alors il n'est pas besoin de consentement, puisqu'il est forcé de souffrir le partage, lorsque l'un des copropriétaires l'exige. L'obligation du tuteur ou du curateur, alors, est donc seulement de veiller à ce que les formes prescrites soient observées ; c'est à cette condition que le partage est définitif : autrement, il n'est considéré que comme provisionnel, et, par conséquent, on peut toujours l'attaquer, pour être fait plus régulièrement. *Ibid.*

Quand, parmi les copartageans, il se trouve plusieurs mineurs, il faut considérer s'ils ont chacun un tuteur, ou s'ils sont sous la tutèle d'un seul. Lorsqu'il y a autant de tuteurs que de mineurs, chacun a son défenseur, avec qui la procédure peut marcher valablement.

Mais, si le même tuteur a été donné à plusieurs mineurs, on distingue s'ils ont le même intérêt, ou si leurs droits sont en opposition. Dans le premier cas, le même tuteur peut procéder pour tous.

Dans le cas contraire, on doit leur nommer à chacun un tuteur spécial et particulier : la nomination de ces tuteurs se fait par avis de parens, conformément aux règles prescrites pour la tenue du conseil de famille. *Cod. jud.*, *art.* 968.

Les tuteurs spéciaux et particuliers, que l'on appelle tuteurs *ad hoc*, mots latins qui signifient *pour cette affaire*, ne reçoivent de pouvoirs, en effet, que pour ce qui concerne seulement le partage ; le tuteur indéfini ne cesse pas d'exercer ses fonctions pour tous les autres intérêts des mineurs ; et, quand le partage est consommé, il reçoit le compte que les tuteurs *ad hoc* sont obligés de lui rendre, afin de justifier que leur mandat est rempli.

La loi ne dit rien ici de particulier pour les mineurs émancipés. Cependant, comme, relativement à l'aliénation de leurs immeubles, ils sont considérés de la même manière que s'ils étoient en tutèle, suivant l'article 484 du Code civil, on en doit conclure que ceux qui ont un seul curateur doivent être munis chacun d'un tuteur spécial, pour procéder au partage, s'ils ont des intérêts opposés.

CHAPITRE II.

Forme de la Demande en Partage et Licitation.

Quand les ayans droit à une succession, ou les copropriétaires d'un bien indivis, ne s'accordent pas sur le partage; ou s'il y a parmi eux soit un absent, soit un mineur, soit un interdit, la partie la plus diligente peut former sa demande à fin de partage et licitation. *Cod. jud.*, *art.* 966.

L'action de partage étant mixte, on devroit, d'après la règle générale, avoir la faculté de la porter, ou devant le tribunal de la situation des lieux, ou devant le tribunal du domicile d'un des copartageans; mais, pour éviter les difficultés qui peuvent naître de l'application du principe, au cas dont il s'agit, la loi, par une exception spéciale, a décidé que l'action en partage est invariablement de la compétence du tribunal de l'arrondissement où la succession s'est ouverte. *Cod. civ.*, *art.* 822.

A l'égard des demandes en partage de biens indivis, qui ne viennent pas de succession, il est évident que cette exception ne leur est pas applicable; la règle générale doit donc s'observer : on se pourvoit, ou devant le tribunal de la situation des biens, ou devant le tribunal d'un des défendeurs. *Cod jud., art.* 59.

En cas de concurrence, si deux ou plusieurs copartageans ont formé la même demande, la préférence est due à celui qui, le premier, fait viser l'original de son exploit par le greffier du tribunal. Ce greffier, en conséquence, est obligé de mentionner, par son visa, le jour et l'heure où chaque exploit lui a été présenté. *Cod. jud., art.* 967.

Il n'y a rien de particulier pour la forme de la demande ; elle est soumise aux règles prescrites pour toutes les espèces d'ajournemens. Elle a pour but de faire ordonner que le compte de la succession, s'il en est dû un, sera rendu devant un des juges qui sera commis à cet effet, et que devant lui il sera procédé au partage des biens en nature, s'il est possible ; sinon, après licitation, suivant les formes prescrites par la loi ; à l'effet de quoi, des experts, convenus entre les parties, ou nommés d'office, visiteront les immeubles, pour les estimer et constater s'ils peuvent ou non se partager commodément.

A l'audience, le tribunal, pour faire droit à la demande, commet, s'il y a lieu, un de ses membres, afin de procéder aux opérations du partage, et de faire son rapport sur les difficultés qu'il s'agiroit de décider ; il ordonne en même temps la visite des immeubles par experts. *Cod. jud., art.* 969.

Par le même jugement, le partage des biens en nature est ordonné, s'il peut avoir lieu. Il est ajouté que, dans le cas où, après le rapport des experts, les biens seroient reconnus comme indivisibles, la licitation en sera faite, soit devant un membre du tribunal, soit devant un notaire, qui est nommé par le même jugement. *Cod. jud.*, *art.* 970.

A la diligence d'une des parties, et en vertu de ce jugement, la nomination d'experts, la prestation du serment et le rapport, le poursuivent comme on l'a dit dans la section précédente, pour l'estimation des biens de mineurs ou interdits, et suivant les formes prescrites pour toutes les opérations d'experts. *Cod. j.*, *art.* 971.

Lorsque toutes les parties sont majeures, et usant de leurs droits ; lorsqu'elles sont présentes, ou si celles absentes sont dûment représentées, il pourra être nommé un seul expert, au lieu de trois, si elles y consentent. *Cod. jud.*, *art.* 971.

Dès que le rapport des experts est déposé au greffe, le poursuivant en prend une expédition, et en fait signifier copie aux avoués des copartageans ; en même temps, il donne sa demande, afin d'obtenir que ce rapport soit entériné, c'est-à-dire approuvé de la justice. Cette demande, faite avec la signification du rapport des experts, doit être formée par requête d'avoué, contenant de simples conclusions : elles tendent à ce que les immeubles soient partagés en nature, si les experts en ont reconnu la possibilité. S'ils ont, au contraire, constaté que le partage en nature n'est pas possible commodément, on conclut, sur l'entérinement du rapport, à ce que les biens soient licités judiciairement. *Cod. j., art.* 972.

Pour faire prononcer sur cette requête, on se présente à l'audience, où l'opération des experts est discutée. Si elle est trouvée régulière, un jugement déclare que le rapport est entériné, et ordonne que les biens seront, ou partagés, ou licités, selon ce qui est dit par les experts dont la justice adopte l'avis.

Souvent d'une même succession dépendent des biens situés à de grandes distances les uns des autres, ou de nature très-différente ; alors, on est obligé de nommer des experts pour chaque immeuble. La loi, qui a prévu ce cas, ne veut pas que les diverses expertises soient considérées isolément ; c'est par leur ensemble qu'il faut juger si les biens peuvent se partager en nature.

Ainsi, quand même chacun des rapports diroit séparément que l'immeuble, dont il y est parlé, n'est pas susceptible de partage; s'il résulte du rapprochement de ces divers rapports, que la totalité des biens peut commodément se partager, il n'y aura pas lieu à ordonner la licitation. *Cod. jud.*, *art.* 974.

Exemple : Trois immeubles situés, l'un, dans le département de la Seine; l'autre, dans le département du Var; le troisième, dans le département de la Dyle, font l'objet d'une demande en partage, portée à Rouen, où la succession s'est ouverte; les héritiers ne sont que deux, et ont un droit égal dans les biens du défunt. On nomme trois experts de Paris, pour l'immeuble situé dans le département de la Seine; trois experts de Draguignan, pour l'immeuble du Var; et trois experts de Bruxelles, pour l'immeuble de la Dyle.

Les trois rapports sont déposés au greffe du tribunal de Rouen. Par le premier, on voit que l'immeuble de la Seine vaut trente mille francs, et qu'il ne peut pas se partager. Le second rapport dit que l'immeuble du Var vaut dix mille francs, et n'est pas non plus susceptible de se partager. Enfin, l'immeuble de la Dyle est estimé vingt mille francs, et il n'est pas commode d'en faire le partage.

Par le rapprochement des trois rapports, on voit qu'il est facile de faire deux portions des trois immeubles; l'une seroit composée du bien situé à Paris, et qui vaut trente mille francs; dans la seconde, on comprendroit les autres immeubles, qui valent ensemble une égale somme de trente mille francs : en pareil cas, le tribunal ne doit pas ordonner la licitation.

Quelquefois, avant la nomination des experts, il est déjà constant, entre les parties, que les immeubles sont susceptibles de partage; en ce cas, les experts reçoivent, par le jugement, mission de procéder à l'estimation, et de suite à la composition des lots. *Cod. jud.*, *art.* 975.

CHAPITRE III.

De la Licitation.

Nous avons dit plus haut que la licitation est la vente aux enchères, d'un immeuble qu'il s'agit de partager entre plusieurs copropriétaires.

La licitation n'a lieu que quand l'immeuble ne peut être divisé en nature.

En entérinant le rapport des experts, qui constate l'impossibilité de partager les biens en nature, le tribunal ordonne que la vente en sera faite devant le juge, ou le notaire commis à cet effet, par le jugement en vertu duquel l'expertise a eu lieu.

Ce sont les circonstances qui déterminent à

permettre la vente devant un notaire, plutôt que devant un juge.

Par exemple, si les immeubles n'étoient pas situés à la proximité du tribunal saisi de la demande, et si on ne pouvoit espérer un concours suffisant d'enchérisseurs que dans le lieu de leur situation, il seroit très-bien de permettre que la vente fût faite chez un notaire demeurant près des biens en licitation : il est plusieurs autres cas où il est convenable de commettre un notaire.

En vertu de ce jugement, le poursuivant fait procéder à la vente des biens, en se conformant aux règles prescrites pour la vente des immeubles appartenant à des mineurs ou interdits, et qu'on a expliqué dans la section précédente. *Cod. jud., art.* 972.

Nous ne répéterons pas ici ce que nous avons dit à ce sujet; mais nous devons avertir que la première chose à faire par le poursuivant, dès que la licitation a été ordonnée, est de déposer le cahier des charges au greffe, si la vente se fait devant un juge, ou chez le notaire, s'il en a été commis un, pour recevoir les enchères.

Ce cahier des charges est rédigé comme le veut la même loi en l'*art.* 958.

1°. On fait l'énonciation du jugement homologatif de l'avis des parens, s'il y a des mineurs ou interdits parmi les colicitans. Quand il n'y a que des majeurs, on énonce le jugement en vertu duquel est ordonnée la licitation.

2°. On énonce les titres de propriété.

3°. On désigne sommairement les biens à vendre, et le prix de leur estimation.

4°. On explique les conditions de la vente.

5°. On ajoute au cahier des charges les noms, demeure et profession du poursuivant; les noms et demeure de son avoué. Cette formalité est exigée par le *Cod. jud.*, *art.* 972.

6°. Il exige encore que l'on indique les noms, demeures et professions des parties entre qui se fait la licitation.

Dans la huitaine du jour où le dépôt du cahier des charges a été fait, soit au greffe, soit chez le notaire, le poursuivant en fait signifier copie, par acte d'avoué, à chacun des colicitans. *Ibid.*

S'il s'élève des difficultés relativement au cahier des charges, ce qui arrive quand sa rédaction ne convient pas à toutes les parties, on se pourvoit à l'audience sur un simple acte d'avoué, sans qu'il soit permis de faire aucune écriture à ce sujet : les moyens, en pareille circonstance, sont réservés pour la plaidoirie.

Pour ce qui concerne la lecture du cahier des charges à l'audience, quand la vente se fait devant un juge, ainsi que les placards qui précèdent la

première et la seconde adjudication, laforme de
ces placards, les places et les jours où ils doivent
être affichés, leur insertion dans un journal, la
forme de constater l'apposition des placards, et
l'insertion dans le journal, nous renvoyons à
ce que nous en avons dit dans la section précédente ; on doit s'y conformer en tout point.

Il faut aussi appliquer à la vente par licitation, même entre majeurs, ce qui y a été dit
au sujet de la vente des biens de mineurs ou interdits, pour le cas où, lors de l'adjudication
définitive, les enchères ne s'éleveroient pas au
prix de l'estimation.

Enfin, sur la réception des enchères, la forme
des adjudications, et les suites de l'adjudication
définitive en matière de licitation, on doit se
conformer à tout ce qui est réglé pour la vente
faite par suite d'une saisie immobilière, et dont
on a parlé dans la première partie.

On observera pourtant que, si les enchères
sont reçues par un notaire, elles peuvent être
faites par toutes personnes, sans que le ministère des avoués soit nécessaire.

Ces diverses applications des formes concernant
la saisie immobilière, sont prescrites par la loi.

En effet, la vente par licitation doit se faire
comme la vente des biens de mineurs ou interdits. *Cod. jud., art.* 972.

Or, pour toutes les formalités dont il s'agit, lors de la vente des biens de mineurs ou interdits, on suit ce qui est prescrit pour la vente faite par suite d'une saisie immobilière, sauf que si les enchères sont reçues par un notaire, le ministère des avoués n'y est pas nécessaire. *Code judic.*, *article* 965.

CHAPITRE IV.

Du Partage.

Cet article se divise en deux paragraphes : le premier parle de la liquidation ; et le second, du tirage et de la délivrance des lots.

§. Ier.

De la Liquidation.

On appelle *liquidation*, les opérations qui servent à déterminer les parts de chaque ayant-droit. On va concevoir bientôt notre définition.

Lorsque le jugement qui entérine le rapport des experts, ordonne le partage des immeubles en nature ; ou lorsque les biens ont été licités, il faut procéder, soit à leur division, soit à la distribution du prix provenant de la vente.

L'opération du partage consiste d'abord à fixer la part qui revient à chaque copropriétaire, selon ses droits ; ce qui exige un examen

de titres, et souvent un travail assez difficultueux. Les notaires étant, par état, accoutumés
à ces sortes d'opérations, sont plus propres que
tous autres à les terminer avec la méthode,
l'exactitude et la célérité convenables. C'est
pourquoi la loi leur confie exclusivement les
partages.

Lors donc qu'en entérinant le rapport d'ex•
perts, le tribunal a ordonné que le partage se
feroit en nature; ou bien, lorsque la vente par
licitation est terminée, le poursuivant fait sommer les copartageans de comparoître, à jour
indiqué, devant le juge-commissaire. Là, les
parties, en sa présence, doivent convenir du
notaire qu'elles veulent charger de faire le partage. Cette nomination est consignée au procès-
verbal du commissaire, qui termine par renvoyer les parties devant le notaire choisi.

Si elles ne s'accordent pas, ou s'il y a des
mineurs ou interdits, ou des absens non représentés par des fondés de pouvoirs, le juge
dresse procès-verbal des dires respectifs; et, sur
son rapport, le tribunal nomme d'office un notaire. *Cod. jud.*, *art.* 976.

De quelque manière que soit choisi le notaire, l'ordonnance du commissaire, ou le jugement, charge le notaire de procéder aux
comptes que les copartageans peuvent se de-

voir; aux rapports qu'ils sont dans le cas de faire; à la formation de différentes masses, s'il y a lieu; aux prélèvemens qui seroient dus à quelqu'un d'eux; à la composition des lots, quand il s'agit de division de biens en nature; aux fournissemens, c'est-à-dire à la désignation de ce qui doit être fourni à chaque partageant, pour le remplir de ce qui lui revient. *Cod. jud.*, *art.* 976.

Quand la vente des biens a eu lieu, il y a les mêmes opérations de comptes, de rapports, de formation de masse, de prélèvement; mais il n'est plus besoin de former des lots; les fournissemens se font en deniers, au prorata de ce qui appartient aux copartageans dans la masse générale.

Cependant, si les biens vendus n'étoient qu'une partie de la masse générale, et que pour d'autres objets il fallût faire des lots en nature, il est évident qu'il y auroit lieu à faire des fournissemens. *Ibid.*

L'ensemble des diverses opérations, par lesquelles il faut passer pour arriver à connoître la part de chaque ayant-droit, est ce que l'on nomme *liquidation*. Ainsi le partage est le but du travail du notaire, et la liquidation est la route qu'il suit pour y arriver.

On prévoit facilement que, pendant le cours

des opérations qui conduisent au partage, il peut survenir des difficultés. Le notaire en dresse procès-verbal séparément, de manière que l'acte, contenant tous les détails de la liquidation, n'en soit point embarrassé. Après avoir constaté, dans ce procès-verbal, les dires respectifs, le notaire renvoie les parties devant le juge-commissaire, en leur indiquant le jour où elles devront y comparoître. La minute de ce même procès-verbal est remise ensuite par le no'aire, au greffe du tribunal où elle est retenue. *Cod. jud.*, *art.* 977.

Par ce moyen, il n'est besoin d'aucune sommation; au jour et à l'heure indiqués, les parties se rendent devant le commissaire, qui, après avoir entendu celles qui comparoissent, et donné défaut contre les absentes, règle le point de difficulté; son ordonnance est mise, par le greffier, à la suite du procès-verbal que le notaire a déposé. *Ibid.*

Si l'objet contesté est de nature à être décidé par le tribunal, le commissaire renvoie à l'audience, avec indication d'un jour; en conséquence, il n'est donné aucune sommation pour y comparoître. Les parties doivent se trouver, aux jour et heure indiqués, devant le tribunal, où, tant en présence qu'en absence, il est prononcé d'après le rapport du juge-commissaire. *Ibid.*

Avec l'expédition, soit de l'ordonnance du juge, s'il a réglé la difficulté, soit du jugement du tribunal, s'il y a eu un renvoi à l'audience, le poursuivant revient chez le notaire, pour le requérir de continuer son opération, conformément à ce qui a été décidé.

Cependant, s'il y avoit appel, et que le jugement n'eût pas ordonné l'exécution provisoire, il faudroit attendre qu'un arrêt eût prononcé définitivement.

Le notaire procède soit à la liquidation, soit au procès-verbal des objets contestés, avec le caractère d'officier commis par le tribunal; par conséquent, il n'a pas besoin de l'assistance d'un notaire, ou de témoins; ce qui, pourtant, lui est nécessaire pour les actes qu'il reçoit en sa simple qualité de notaire. *Cod. jud., art.* 977.

La loi ne défend pas néanmoins aux parties de se faire assister d'un conseil auprès du notaire; mais les honoraires de ce conseil ne sont pas compris dans les frais du partage, ils sont à la charge de ceux qui se sont fait assister.

§. I I.

De la Formation, du Tirage et de la Délivrance des Lots.

Quand la liquidation est faite, si tous les biens ont été vendus, il ne s'agit plus que de distribuer à chaque partageant la part qui lui revient dans le prix ; ce qui est sans difficulté.

Mais, s'il y a des biens à diviser en nature, il faut, après tous les travaux de la liquidation, former les lots. Quand les copartageans sont tous majeurs, et usant de leurs droits ; quand ils sont tous présens, ou que les absens sont dûment représentés, ils peuvent s'accorder sur le choix d'un d'entre eux, pour former les lots. *Cod. jud.*, *art.* 978.

Si les copartageans ne s'accordent pas, ou s'il y a des absens non représentés par des fondés de pouvoirs, ou si quelques-uns d'entre eux sont dans l'impuissance de transiger sur ce point, ou enfin si celui qui a été choisi n'accepte pas la commission, le notaire dresse un procès-verbal séparé, comme on l'a dit plus haut pour les cas de contestation ; il y déclare aux parties qu'elles aient à se présenter, à jour et heure fixes, devant le juge-commissaire ; ensuite, il remet la minute de son procès-verbal au greffe, où elle reste. *Ibid.*

Les parties, sans qu'il soit besoin de sommation, se présentent au juge-commissaire, qui, tant en présence des comparans qu'en absence des défaillans, nomme un expert pour la formation des lots. Cette nomination est consignée par le greffier, à la suite du procès-verbal, dont la minute a été déposée par le notaire. *Cod. jud., art.* 978.

La personne chargée de la formation des lots en établit la composition, par un rapport que le notaire rédige à la suite des opérations précédemment faites pour la liquidation. *Cod. jud., art.* 979.

Il n'est pas besoin de dire que, lors de la formation des lots, les parties peuvent faire les réclamations qu'elles croient nécessaires ; alors il est dressé procès-verbal séparé des dires respectifs : pour faire prononcer sur les difficultés, le notaire renvoie les parties devant le juge-commissaire, et on procède, comme on l'a expliqué au paragraphe précédent, pour les contestations qui surviennent pendant la liquidation.

Lorsque les lots sont composés, et que les difficultés survenues pendant leur formation ont été jugées, le poursuivant fait sommer les parties de se trouver, à jour et heure indiqués, dans l'étude du notaire, pour assister à la clôture de l'acte de partage, en entendre la lecture, et le signer avec lui, si elles le peuvent et le veulent. *Cod. jud., art.* 980.

La minute du procès-verbal de partage demeure au notaire, qui en délivre une expédition à la partie la plus diligente ; celle-ci provoque l'audience, par un simple acte signifié aux seules parties qui n'ont pas assisté à la clôture du partage ; elle conclut à l'homologation de ce même partage. *Cod. jud., art.* 981.

Sur le rapport du juge-commissaire, parties présentes ou absentes, pourvu que celles qui n'étoient point à la clôture aient été dûment appelées, le tribunal, s'il y a lieu, homologue le partage ; quand, parmi les parties, il y en a dont les causes sont sujètes à communication au ministère public, le jugement d'homologation n'est rendu qu'après avoir entendu les conclusions du procureur impérial.

Le même jugement ordonne que les lots séront tirés au sort ou devant le juge-commissaire, ou devant le notaire ; mais, quel que soit celui des deux à qui la commission est donnée, il doit être désigné dans le jugement. Ce tirage des lots n'a lieu, bien entendu, que quand il a été divisé des biens en nature, et non quand il n'y a que des deniers à partager. *Cod. jud., art.* 982.

Quand, avant le travail des experts, les parties sont déjà liquidées, et qu'il s'agit seulement de former des lots, ainsi qu'il est prévu par l'*art.* 975, dont on a parlé plus haut ; aussitôt que leur rapport est entériné, les lots qu'ils ont composés, en faisant l'estimation des biens, sont tirés en vertu du jugement qui prononce l'entérinement; ce jugement nomme, pour procéder au tirage, soit le juge-commissaire, soit le notaire.

Sur la représentation qui lui est faite, par la partie la plus diligente, de l'expédition du jugement qui a ordonné le tirage, et du procès-verbal qui constate cette opération, quand elle a eu lieu devant le juge-commissaire, le notaire procède à la délivrance des lots; c'est-à-dire, qu'il remet à chacun des copartageans les titres de propriété du lot que le sort lui a attribué. Cette délivrance est consignée à la suite de l'acte, par procès-verbal que signe avec le notaire chaque partie, si elle sait écrire; sinon, mention est faite de son refus de signer. *Cod. jud., art.* 982.

Si tous les biens ont été vendus, et qu'il n'y ait que le prix à distribuer, le jugement, qui homologue le partage, ne parle point du tirage des lots; il ordonne seulement la délivrance des portions d'argent qui sont attribuées à chacun des copartageans : le notaire, à qui l'expédition de ce jugement est remise, fait la délivrance des sommes, ou des mandats, pour le montant des sommes revenant à chacune des parties; à la suite de l'acte de partage, il constate cette délivrance qui annonce que toute l'opération est consommée.

On a vu que le notaire garde la minute du partage, et qu'il en délivre une expédition à la partie qui veut faire homologuer cet acte. Or, le jugement d'homologation contient lui-même copie du partage homologué, en sorte qu'il se trouve également dans les minutes du greffe. Les parties qui, par la suite, peuvent avoir besoin de ce même acte, sont donc dans le cas de le demander au notaire, ou au greffier, selon qu'il leur est plus commode. L'un et l'autre officier sont tenus de délivrer aux parties intéressées tels extraits qu'elles demanderont, en tout ou en partie, de ce procès-verbal de partage. *Cod. jud., art.* 983.

SECTION IV.

De la vente des immeubles par un héritier bénéficiaire, ou par un curateur à une succession vacante.

L'héritier bénéficiaire, ainsi que le curateur à une succession vacante, ne peuvent vendre les immeubles du défunt, qu'en suivant des formes judiciaires qu'on va expliquer dans deux chapitres qui traiteront :

1° De l'héritier bénéficiaire ;

2° Du curateur à une succession vacante.

CHAPITRE PREMIER.
De l'héritier bénéficiaire.

La matière de ce chapitre est divisée en trois paragraphes : on verra dans l'un ce que c'est qu'un héritier bénéficiaire; dans le second, de quelle manière il peut vendre les biens du défunt; et dans le troisième, quand et comment il est tenu de donner caution.

§. Ier.
Ce que c'est qu'un héritier bénéficiaire.

Celui qui accepte une succession sans restriction, est appelé *héritier pur et simple*, ou seulement *héritier;* il est tenu de toutes les dettes du défunt, même quand elles excéderoient la valeur des biens de ce dernier.

Celui qui n'accepte qu'à condition de faire inventaire, et de ne payer les dettes du défunt qu'avec les seuls biens qu'il laisse, se nomme *héritier sous bénéfice d'inventaire*, ou simplement *héritier bénéficiaire ;* la faculté dont use cet héritier, est ce qu'on nomme *bénéfice d'inventaire.*

L'usage du bénéfice d'inventaire étoit trop ancien, trop général et trop utile, pour n'être pas adopté par le Code civil. Il règle la manière dont l'héritier bénéficiaire fait connoître son intention.

Autrefois on prenoit des lettres de chancel-
lerie, qu'on faisoit entériner : aujourd'hui on
se présente au greffe du tribunal civil du lieu
où la succession est ouverte ; là, sur un registre
destiné à cet usage, on fait une déclaration
portant qu'on ne prend la qualité d'héritier que
sous bénéfice d'inventaire. *Cod. civ., art.* 793.

Celui qui ne fait pas cette déclaration en personne, ne peut être suppléé que par un fondé
de pouvoir spécial.

Comme cette déclaration entraîne l'obligation de faire constater les biens du défunt, elle
ne produit d'effet que quand elle est précédée
ou suivie d'un inventaire exact et fidèle. Cependant, cet inventaire doit être fait dans les délais
accordés à tout héritier pour cette formalité.
Cod. jud., art. 794.

Les délais dont il s'agit sont de trois mois, à
compter du jour de l'ouverture de la succession.
On a de plus quarante jours pour délibérer si on
acceptera, ou si on renoncera, ou si on ne
prendra que la qualité d'héritier bénéficiaire.
Ce second délai, pour délibérer, court de l'expiration des trois mois accordés pour faire inventaire; ou du jour de la clôture de cet acte,
s'il est fait avant que les trois mois soient expirés. *Cod. civ., art.* 795.

C'est donc pendant le cours de ce double

délai , que doit faire sa déclaration au greffe, et procéder à l'inventaire , celui qui ne veut être qu'héritier bénéficiaire ; autrement , les poursuites des créanciers de la succession pourroient valablement être dirigées contre lui ; alors il seroit forcé de prendre un parti, ou bien s'il persistoit à ne pas s'expliquer, il seroit condamné comme héritier pur et simple.

Au reste, même après l'expiration des délais pour faire inventaire et délibérer, l'héritier conserve la faculté d'user du bénéfice de la loi , en faisant sa déclaration au greffe, et en faisant inventaire, pourvu qu'il n'ait pas fait d'ailleurs acte d'héritier, ou qu'il n'ait point été prononcé contre lui de condamnation, comme héritier simple, par jugement passé en force de chose jugée. *Cod. civ., art.* 800.

L'inventaire exigé doit être exact et fidèle ; si l'héritier avoit soustrait des effets de la succession, ou s'il avoit omis volontairement d'en faire comprendre quelques-uns dans l'inventaire , il seroit incapable de jouir du bénéfice d'inventaire. *Cod. civ., art.* 801.

Par l'effet du bénéfice d'inventaire, l'héritier a deux avantages.

1° Il n'est tenu des dettes de la succession que jusqu'à concurrence de la valeur des biens qu'il a recueillis ; il peut même se décharger du paiement des dettes, en abandonnant tous les biens de la succession aux créanciers et aux légataires. *Cod. civ., art.* 802.

2° Les biens personnels de l'héritier ne sont pas confondus avec ceux de la succession ; et même il conserve contre elle le droit de réclamer le paiement des obligations auxquelles étoit tenu le défunt envers lui. *Ibid.*

Contre qui l'héritier bénéficiaire forme-t-il ses demandes contre la succession ?

Elles sont dirigées contre les autres héritiers, sans distinguer s'ils sont ou non bénéficiaires. Dans le cas où il n'y auroit pas d'autres héritiers, il faudroit faire nommer un curateur au bénéfice d'inventaire ; c'est alors contre ce curateur que le bénéficiaire se pourvoit, dans tous les cas où il exerce une action contre la succession. Ce curateur est nommé dans la même forme que le curateur à une succession vacante. *Cod. jud., art.* 996.

Les fonctions du curateur au bénéfice d'inventaire consistent seulement à défendre aux demandes de l'héritier, qui dirige toutes les autres affaires, en sa qualité de bénéficiaire.

Si tous les héritiers étoient bénéficiaires, et qu'ils eussent à intenter la même action, contre la succession, c'est le même cas que celui où il ne se trouve aucun autre héritier, pour défendre à la démence; on fait donc alors nommer un curateur au bénéfice d'inventaire. *Cod. jud., art.* 996.

Au reste, l'héritier bénéficiaire est chargé d'administrer les biens de la succession; il peut, pour l'acquittement des dettes, faire vendre les meubles et immeubles, dans les formes dont on va parler au paragraphe suivant; et il doit rendre compte de sa gestion aux créanciers et légataires qui n'auroient pas été soldés; ils ont droit de connoître l'emploi des biens du défunt. *Cod. civ., art.* 803.

§. II.

De la Vente des Biens par l'Héritier bénéficiaire.

A toutes personnes appelées à recueillir une succession, est accordé un délai de trois mois pour faire inventaire, et un autre délai de quarante jours pour délibérer; nous l'avons vu plus haut. Pendant tout ce temps, celui qui est habile à se porter héritier ne peut être forcé de prendre qualité; et aucune condamnation ne peut être prononcée contre lui pour raison des dettes de la succession. *Cod. civ., art.* 797.

Néanmoins, tant que dure ce double délai, il peut arriver qu'il y ait nécessité de faire vendre les effets mobiliers de la succession;

par exemple, pour éviter une saisie-exécution; mais si l'héritier, qui n'a pas encore pris sa résolution, faisoit cette vente de son propre mouvement, on le considéreroit comme ayant accepté purement et simplement.

Pour ne pas perdre l'avantage du délai dont il jouit, celui qui délibère encore présente requête au président du tribunal civil, dans le ressort duquel la succession est ouverte. Si les motifs de la requête sont trouvés raisonnables, le juge, par une simple ordonnance, donne l'autorisation : alors on ne peut pas considérer cette vente du mobilier, comme un acte d'héritier. *Cod. jud.*, *art.* 986.

Cette vente doit être faite par un officier public, dans les formes prescrites pour la vente du mobilier d'une succession. *Cod. judic.*, *art.* 986.

Après que celui qui est appelé à une succession s'est décidé, en temps convenable, à se déclarer au greffe héritier bénéficiaire, il prend possession des biens, si l'inventaire est achevé ; et il est tenu de les administrer. Si, après avoir satisfait tous les créanciers et les légataires, il reste quelque chose, le bénéficiaire en devient propriétaire par son titre d'héritier. Au contraire, si les biens sont insuffisans, il ne doit rien de plus ; mais il faut qu'il prouve, par le compte de sa gestion, qu'il n'a point néglige les intérêts des ayans-droit ; autrement, on le rendroit responsable des fautes qu'il auroit faites dans son administration. Observez pourtant qu'il n'est tenu que des fautes graves, de celles que les docteurs appellent *culpæ latæ, quæ dolo comparantur.* C'est la disposition précise de l'article 804 du Code civil.

Soit que l'héritier bénéficiaire offre volontairement son compte, soit qu'il se laisse actionner pour le rendre, on doit suivre les formes prescrites par le Code judiciaire, au titre des *Redditions de comptes;* c'est ce que dit formellement cette loi, *art.* 995.

De là il résulte que, même après s'être immiscé dans la succession sous bénéfice d'inventaire, l'héritier ne doit procéder à la vente, soit des meubles, soit des rentes, soit des immeubles, qu'avec précaution. S'il y a lieu de vendre des immeubles dépendant de la succession, l'héritier bénéficiaire présente au président du tribunal de première instance, dans l'arrondissement duquel la succession est ouverte, une requête contenant la désignation des biens. Au bas, le juge ordonne qu'elle sera communiquée au ministère public, et nomme un rapporteur chargé de présenter l'affaire au tribunal. Si les raisons alléguées dans la requête sont accueilliés, un jugement, rendu sur les conclusions du procureur impérial, prescrit préalablement que les immeubles seront vus et estimés par un expert nommé d'office. *Cod. jud.*, *art.* 987.

Le rapport de l'expert est présenté au même tribunal, par requête de l'héritier bénéficiaire ; et si l'opération est trouvée régulière, un autre jugement, rendu également sur les conclusions du ministère public, ordonne que la vente des immeubles sera faite. *Cod. jud.*, *art.* 988.

Cette vente doit s'exécuter dans les formes indiquées par le Code judiciaire, au titre des *Partages et Licitations* : on les a expliquées dans la section précédente. Si l'héritier bénéficiaire vendoit les immeubles sans se conformer aux règles qui lui sont ici prescrites, il seroit regardé comme héritier pur et simple, et il perdroit tout l'avantage du bénéfice d'inventaire. *Ibid.*

Si les immeubles sont situés dans un autre arrondissement que celui du tribunal qui en a autorisé la vente, les formalités de l'aliénation sur enchères publiques n'en sont pas moins remplies devant le tribunal de la situation des biens, suivant la règle générale à laquelle il n'est point ici dérogé ; le prix provenant des immeubles vendus régulièrement par l'héritier bénéficiaire, est distribué suivant ce qui est dit au titre de

17

l'*Ordre* qui fera l'objet de la troisième partie. C'est la disposition de l'article 991 de cette loi.

L'héritier bénéficiaire n'étant qu'un simple administrateur, ne peut pas plus disposer à sa volonté des meubles que des immeubles de la succession. Si donc il y a lieu à faire procéder à la vente, soit des objets mobiliers, soit des rentes, laissés par le défunt, il faudra nécessairement suivre les formes prescrites pour ces sortes de biens. *Cod. jud., art.* 989.

Faute par l'héritier bénéficiaire de s'y conformer, il perd l'avantage du bénéfice d'inventaire, et est considéré comme héritier pur et simple. *Ibid.*

Quant au prix provenant de la vente des meubles et des rentes de la succession, le même article dit qu'il faut le distribuer, par contribution, entre les créanciers opposans, suivant les formalités indiquées par le Code judiciaire, au titre de la *Distribution par Contribution.*

§. III.

De la Caution de l'Héritier bénéficiaire.

Il arrivoit souvent qu'un héritier bénéficiaire, lorsqu'il rendoit son compte, étoit hors d'état d'en payer le reliquat qu'il avoit diverti à son profit. L'ancien droit n'avoit laissé aux créanciers d'autre moyen d'éviter cet inconvénient, qu'une grande surveillance qui, souvent, devenoit inutile.

Les lois nouvelles ont établi que les créanciers, ou autres intéressés, tels que des légataires, peuvent exiger de l'héritier bénéficiaire une caution bonne et valable, tant pour la valeur des meubles compris en l'inventaire, que pour ce qui, dans le prix des immeubles vendus, excède le montant des délégations faites aux créanciers hypothécaires. *Cod. civ., art.* 807.

Ainsi, soit avant que l'héritier bénéficiaire s'immisce dans la succession, soit pendant le cours de son administration, on peut le forcer à donner la caution qu'on vient d'expliquer. En conséquence, une des parties intéressées lui fait sommation, par exploit signifié à personne ou domicile, pour qu'il ait à fournir cette caution. *Cod. jud., art.* 992.

Dans les trois jours de cette sommation, l'héritier bénéficiaire est tenu de présenter sa caution au greffe du tribunal dans l'arrondissement duquel la succession s'est ouverte. *Cod. jud., art.* 993.

Ce délai doit être augmenté d'un jour par trois myriamètres de la distance qu'il y a du domicile de l'héritier bénéficiaire au lieu où siége le tribunal. *Ibid.*

Le même article dit que la caution de l'héritier bénéficiaire sera présentée, dans les formes prescrites par le Code judiciaire, au titre des *Réceptions de Caution.*

S'il s'élève des difficultés sur la validité de la caution, on procède comme il est dit au titre que nous venons de citer ; mais alors, pour simplifier, les créanciers doivent être représentés tous ensemble par un seul avoué ; pour ce qui concerne la caution, ils ont évidemment le même intérêt. Le plus ancien des avoués constitués pour les créanciers qui provoquent la caution, est celui qui, de plein droit, est chargé des intérêts communs, dans cette circonstance. *Cod. jud.*, *art.* 994.

Remarquez que l'héritier bénéficiaire n'est tenu à donner caution que quand elle lui est demandée ; autrement, il prend en main les affaires de la succession sans obstacle. Mais, dès qu'une seule partie intéressée a fait sommation de donner caution, l'héritier bénéficiaire ne peut pas entrer en possession des biens de la succession ; et si déjà il s'y est immiscé, il ne peut plus continuer, tant que la caution n'est pas fournie et acceptée régulièrement.

Lors donc que l'héritier bénéficiaire refuse de donner caution, ou en présente une qui n'est pas jugée valable, les créanciers et légataires agissent contre la succession, comme s'il n'y avoit point d'héritier : ils font nommer un curateur à la succession vacante, et dirigent contre lui leurs poursuites.

CHAPITRE II.

Du Curateur à Succession vacante.

On dira dans un premier paragraphe ce que c'est qu'un curateur à succession vacante ; et dans un second, quand et comment il peut vendre les biens du défunt.

§. 1er.

Ce que c'est que le Curateur d'une Succession vacante.

Nous avons vu, en parlant de l'héritier bénéficiaire, que toute personne appelée à recueillir une succession, jouit d'un délai de trois mois pour faire inventaire, et d'un autre délai de quarante jours après l'inventaire pour délibérer. Jusqu'à ce que ces quatre mois et demi soient écoulés, on ne peut faire aucune poursuite contre les biens du défunt.

Mais si, après le double délai, personne ne se présente pour accepter la succession, s'il n'y a pas d'héritier connu, ou si tous ceux qui sont appelés à hériter ont renoncé, cette succession est réputée vacante. *Cod. jud., art.* 998.

Les créanciers, ou les légataires, ne sont

plus obligés d'attendre pour former leurs demandes. Celui d'entre eux qui veut poursuivre fait nommer à la succession vacante un curateur, contre lequel il dirige ses actions. Cette nomination est faite par le tribunal de première instance dans l'arrondissement duquel s'est ouverte la succession, soit sur la requête d'une des parties intéressées, soit sur le réquisitoire du procureur impérial. *Cod. civ., art.* 812.

A cet effet, on présente au président du tribunal une requête tendant à ce qu'il soit nommé un curateur à la succession vacante. Au bas de la requête, le juge ordonne qu'elle sera communiquée au ministère public, et commet un membre du tribunal pour faire le rapport indiqué. Sur ce rapport, et après avoir entendu le procureur impérial, intervient à l'audience un jugement qui nomme d'office un curateur.

Si le ministère public étoit informé qu'une succession est dans le cas d'être déclarée vacante, il n'attendroit pas qu'un intéressé se présentât ; la loi, comme on vient de le dire, le charge de requérir d'office la nomination d'un curateur.

La forme de ce jugement est la même que celle de tous ceux qui sont rendus sur la requête d'une seule partie ; ainsi les qualités de ce jugement ne sont pas signifiées, puisque le demandeur n'a pas d'adversaire ; il n'y est point dit, *entre un tel.... contre un tel...*, comme lorsqu'il s'agit d'une contestation. Les qualités du jugement qui nomme un curateur à une succession vacante, consistent dans le vu de la requête et des pièces qui y sont jointes.

On demande si un légataire universel doit faire nommer un curateur à la succession, et si son titre ne suffit pas pour qu'il en prenne possession. On répond que le légataire n'est pas, comme l'héritier légitime, saisi de plein droit des biens du défunt. Il ne peut en jouir que quand ils lui sont délivrés. Il faut donc un curateur à la succession vacante, pour représenter l'héritier naturel, et pour répondre à la demande en délivrance. Dès que cette demande a été accueillie par un jugement, le curateur a fini ses fonctions, parce que le légataire universel devient alors le successeur légitime du défunt.

Plusieurs créanciers ou légataires peuvent, chacun séparément, provoquer la nomination d'un curateur; et, comme cette procédure se fait sans autre contradicteur que le ministère public, il ne seroit pas étonnant que le tribunal se trouvât avoir à prononcer sur plusieurs demandes semblables, relativement à la même succession. En pareil cas, le curateur, qui, seul, doit être reconnu, est celui dont la nomination a été faite la première, sans qu'il soit besoin d'un jugement pour déclarer à qui est due la préférence. *Cod. jud.*, art. 999.

Cependant, si le curateur nommé le dernier s'étoit immiscé dans l'administration de la succession, de bonne foi, et ignorant qu'il en avoit été établi un autre avant lui, il est raisonnable de penser que les actes qu'il auroit faits seroient valables. Il cesseroit ses fonctions pour les céder à celui que la loi lui préfère, et il lui rendroit compte de sa gestion.

§. I I.

De la vente des biens d'une Succession vacante.

Le curateur d'une succession vacante en est l'administrateur comptable. Par conséquent, ce qu'il doit faire avant tout est de constater l'état des biens qui lui sont confiés, ce qui nécessite un inventaire dans les formes indiquées par le Code judiciaire, au titre de l'*Inventaire ;* c'est ce que décide cette même loi, art. 1000.

Quand le curateur a connu les forces de la succession, il doit ensuite, et avant de s'occuper d'autre chose, comme le veut le même article, faire vendre les meubles, en suivant les formes déterminées par le Code judiciaire, au titre de la *Vente du mobilier.*

A l'égard des immeubles et des rentes, s'il est besoin de les vendre pour l'acquittement des dettes, il y sera procédé comme il est prescrit dans la même loi, au titre du *Bénéfice d'inventaire :* l'administration du curateur à la succession vacante est assimilée à celle de l'héritier bénéficiaire *Cod. jud., art.* 1001.

Cependant, on ne peut pas exiger une caution du curateur à une succession vacante ; on a dû nommer une personne solvable, ou au moins qui mérite assez de confiance pour qu'il n'y ait pas à craindre qu'elle abuse de son administration ; s'il en étoit autrement, on ne trouveroit personne qui voulût accepter une pareille fonction. Au reste, comme on va le dire, les deniers dépendant de la succession doivent être déposés.

Il n'en est pas de même de l'héritier bénéficiaire ; on n'a pas le choix, c'est l'ordre de la nature qui le détermine ; d'ailleurs, il est libre ou d'accepter ou de renoncer ; s'il se détermine à profiter de la faveur de la loi, c'est un acte volontaire de sa part, et dont il est naturel de lui demander caution, quand il n'inspire pas de confiance.

On n'entre ici dans aucun détail des formalités nécessaires pour la vente des biens d'une succession vacante ; il suffit d'avoir dit que le curateur nommé pour administrer cette succession, doit se conformer aux règles établies pour la vente des biens par l'héritier bénéficiaire. Dans le chapitre précédent, on a dit que l'héritier qui accepte sous bénéfice d'inventaire, doit suivre la forme des ventes par licitation, quand il veut vendre les immeubles du défunt. Il en doit donc être de même du curateur à la succession vacante. Ces formes de licitations auxquelles on renvoie, ont été expliquées dans la section précédente.

Le curateur à la succession vacante en exerce et en poursuit les droits; il répond aux demandes formées contre les biens du défunt; enfin, il administre à la charge de déposer, dans la caisse du receveur de la régie nationale, et pour la conservation des droits de qui il appartient, soit les deniers qui se trouvent dans la succession, soit le prix des meubles et immeubles vendus. *Cod. civ.*, *art.* 813.

Les créanciers, les légataires, et même le ministère public, peuvent surveiller l'administration du curateur à la succession vacante; par conséquent, s'il n'effectuoit pas le dépôt des deniers appartenant à la succession, chacun de ceux que nous venons de désigner pourroit le poursuivre devant le tribunal pour l'y contraindre.

Comme le curateur à la succession vacante est un administrateur dont les obligations ressemblent à celles de l'héritier bénéficiaire, il n'est tenu que des fautes graves, *quæ dolo comparantur.*

Les fonctions du curateur à la succession vacante se terminent quand la totalité des biens sont vendus, quand le prix en a été employé à acquitter les dettes, et quand il n'y a plus rien à recouvrer. Pareillement, ces mêmes fonctions deviennent inutiles, lorsque tous les ayans-droit à cette succession, comme créanciers ou légataires, sont satisfaits, et que tous les recouvremens sont effectués.

Quand le terme de son administration est arrivé, le curateur à la succession vacante doit rendre compte de sa gestion, comme tout *negotiorum gestor.* S'il y a des créanciers ou des légataires qui ne se trouvent pas soldés, parce que les biens étoient insuffisans, c'est à eux que le compte est rendu.

S'il reste des biens dans la succession après que toutes les dettes et toutes les charges sont payées, le compte est rendu à l'héritier, s'il s'en présente ; sinon, il est entendu par le receveur de la régie nationale, à qui les biens restans seroient remis, comme séquestre légal des successions vacantes. Rien n'est plus raisonnable ;

car, c'est le fisc qui succède à défaut d'héritier : il est donc naturel que l'agent du fisc soit mis en possession des biens d'une succession vacante, lorsque les affaires en sont terminées, et que nul héritier ne se présente.

Au reste, pour le mode d'administration que doit suivre le curateur à une succession vacante, pour les formes à observer dans la reddition de son compte, il faut suivre ce qui est prescrit pour l'héritier bénéficiaire. *Cod. jud.*, *art.* 1002.

TROISIÈME PARTIE.
DE L'ORDRE ENTRE LES CRÉANCIERS.

Après qu'un immeuble a été vendu, soit par expropriation forcée, soit par surenchère, soit par suite d'une nécessité reconnue légalement, quand il appartenoit à un mineur ou interdit, soit par licitation, soit par un héritier bénéficiaire ou un curateur à succession vacante, soit enfin à l'amiable, par acte devant notaire, le premier objet qui doit occuper est de payer, avec le prix, les créanciers de celui à qui cet immeuble appartenoit avant la vente.

Lorsque plusieurs créanciers ont droit sur le prix de l'objet vendu, et qu'ils sont d'accord entre eux et avec le débiteur, l'acquéreur fait les divers paiemens à chacun. Cet accord manque rarement, quand le prix du bien vendu suffit pour satisfaire à la totalité des créances.

Le prix est-il suffisant? ils peuvent encore s'accorder; ils y sont même invités par la loi; mais le plus souvent il faut l'intervention de la justice, pour régler leurs diverses prétentions. Les uns sont privilégiés, et doivent être payés par préférence. Les autres sont hypothécaires, et ne sont payés qu'après les privilégiés, suivant le rang que leur donne la date de leurs inscriptions. Enfin , d'autres ne sont que chirographaires : ce sont ceux qui n'ont ni privilége ni hypothèque.

Les formes judiciaires sont encore plus nécessaires, lorsque, parmi les créanciers, il y a soit des mineurs ou interdits, soit des absens, soit une succession ou vacante ou acceptée sous bénéfice d'inventaire.

La procédure qui a pour objet de fixer le rang dans lequel les divers créanciers doivent être payés, se nomme *ordre*; ainsi , l'ordre diffère de la contribution, en ce que celle-ci se dit de la distribution du prix des objets mobiliers, et par l'autre expression, on entend la distribution du prix des immeubles , parce qu'on suit l'ordre des hypothèques.

Le but de la procédure, qui concerne l'ordre, est de régler le rang dans lequel doit être payé chaque créancier ayant droit sur le prix de l'immeuble, quelle que soit la forme judiciaire ou amiable dans laquelle il a été vendu. L'acte par lequel la justice détermine l'ordre des titres de créances, se nomme *état de collocation*. On divisera ce qui doit être dit dans cette dernière partie , en trois sections.

La première expliquera les procédures par

lesquelles on peut obtenir l'état de collocation.

La deuxième contiendra les règles qu'il faut suivre pour reconnoître le rang qui convient à chaque créancier.

La troisième indiquera les procédures qui sont la suite de l'état de collocation.

SECTION PREMIÈRE.

Des Procédures à suivre paur obtenir l'état de collocation.

On verra d'abord quand, par qui, et comment l'ordre est provoqué; ensuite on verra quand, par qui, et comment est dressé et communiqué l'état de collocation qui contient l'ordre.

Cette section sera donc divisée en deux chapitres qui traiteront :

1°. De la manière dont l'ordre est requis ;
2°. De l'état de collocation.

CHAPITRE PREMIER.

De la manière dont est requis l'Ordre.

Un premier paragraphe expliquera quand et par qui l'ordre peut être requis ; un second, comment se poursuit l'ordre ; le troisième, ce que c'est que la subrogation à la poursuite d'ordre.

§. 1er.

Quand et par qui l'Ordre est requis.

Après l'adjudication définitive d'un immeuble saisi, il ne reste plus qu'à procéder à la distribution du prix. A cet effet, il est accordé un mois aux créanciers et à la partie saisie pour se régler entre eux, sur ce qui revient à chacun dans le prix de l'objet vendu. *Cod. jud., art.* 749.

Ce mois commence à courir du jour que le jugement d'adjudication a été signifié par l'adjudicataire au saisissant, à la partie saisie; et au créancier premier inscrit. Lorsqu'on a interjeté appel de l'adjudication, le délai ne court que du jour de la signification de l'arrêt confirmatif. *Ibid.*

Dans la distribution sur laquelle les créanciers et le saisi doivent s'entendre, il faut comprendre les fruits que l'immeuble a produits, depuis la dénonciation de la saisie au débiteur jusqu'au jour de l'adjudication définitive. Nous avons vu, en effet, dans la première partie, en parlant de la saisie immobilière, que le prix de ces mêmes fruits est immobilisé; par conséquent, il se distribue comme le prix même de l'immeuble.

Si les fruits, perçus après la dénonciation de la saisie au débiteur, ont été par lui vendus, il en doit compte comme étant séquestre judiciaire de l'immeuble.

Si les fruits dont il s'agit ont été vendus judiciairement, soit lorsqu'ils étoient encore pendans par les racines, soit après leur récolte, leur prix se trouve entre les mains de l'officier qui en a fait la vente, à moins que déjà il ne l'ait consigné : c'est ce qu'on a vu en parlant des saisies mobilières.

Dans tous les cas, et quelle que soit la personne qui doit le prix de ces mêmes fruits, il est distribué comme étant immobilisé.

Faute par les parties de s'être réglées, dans le délai d'un mois, sur la distribution, tant du prix de l'immeuble que du prix immobilisé provenant des fruits, le saisissant doit provoquer l'intervention de la justice. S'il ne le fait dans la huitaine qui suit le mois accordé pour le réglement à l'amiable, tout autre créancier, et même l'adjudicataire, peut requérir que l'ordre soit fait judiciairement. C'est alors le plus diligent, qui devient poursuivant de la procédure d'ordre. *Cod. jud.*, *art.* 750.

Ce que l'on vient de dire dans ce paragraphe, convient non seulement au cas où un immeuble est adjugé par suite d'une saisie, mais encore à tous ceux où un immeuble est vendu en justice par toute autre voie que la saisie, et même pour le cas où l'immeuble est vendu volontairement par acte devant notaire : sans examiner quelle est l'aliénation, il est certain que le prix n'en est pas moins distribué entre les créanciers du vendeur, selon le rang déterminé par la nature de leurs titres. Lorsque la vente s'est faite en justice, soit par suite d'une surenchère, soit lorsque le bien appartenoit à un mineur ou interdit, soit par licitation, soit, enfin par un héritier bénéficiaire, ou un curateur à succession vacante, les créanciers et les vendeurs ont un mois, à compter du jour de l'adjudication définitive, pour se régler sur la distribution du prix de l'immeuble ; ce délai expiré sans arrangement, le plus diligent des créanciers, ou l'acquéreur, pourra requérir que l'ordre se fasse judiciairement. *Cod. jud.*, *art.* 775.

Si un héritage a été vendu par acte passé devant un notaire, et qu'il n'ait pas été surenchéri, l'ordre pour la distribution du prix pourra être requis par le créancier le plus diligent, ou par l'acquéreur, trente jours après l'expiration du délai accordé pour former la surenchère. *Ibid.*

On peut voir dans la seconde partie, section Ier, ce que c'est que la surenchère.

Il peut arriver que l'immeuble, vendu à l'amiable, soit grevé d'hypothèque légale, comme ayant appartenu à un mari, ou à un tuteur, et que les inscriptions n'aient pas été prises. Pour purger ces hypothèques, l'acquéreur se conforme à l'*art.* 2194 du Code civil. L'une des formalités est d'exposer l'extrait de l'acte d'aliénation, pendant deux mois, dans l'auditoire du tribunal. Alors, les trente jours accordés aux créanciers, pour se régler sur la distribution du prix de l'immeuble, ne courent que du jour où sont expirés les deux mois consacrés à l'exposition du titre. C'est donc trente jours après ce délai de deux mois, que le plus diligent des créanciers, ou le nouveau propriétaire, peut requérir l'ordre en justice, s'il n'a pas pu s'établir amiablement. *Ibid.*

Il y a pourtant à observer ici que, dans le cas d'une adjudication qui n'est pas faite par expropriation, et en cas de vente passé par acte devant notaire, jamais l'ordre ne peut être provoqué, s'il n'y a pas plus de trois créanciers inscrits. D'abord, il est bien rare que trois créanciers ne puissent pas s'entendre; mais, en supposant qu'ils soient obligés de recourir à la justice, il est facile de les accorder à l'audience par un jugement, sans qu'il soit besoin d'introduire une procédure d'ordre pour un si petit nombre de prétendans. *Ibid.*

§. I I.

Comment l'Ordre se poursuit.

Celui qui requiert l'ordre se présente au greffe, par le ministère de son avoué. Là, sur un registre consacré exprès, et que l'on nomme *Registre des Adjudications*, il demande qu'un des juges soit nommé pour procéder à l'ordre. Au bas de cette réquisition, le président du tribunal, quand le registre lui est présenté par le greffier, fait la nomination d'un juge-commissaire. *Cod. jud.*, *art.* 751.

MODÈLE de réquisition et de nomination d'un commissaire.

« Requiert le sieur Bernard H..., négociant à Nantes, qu'il plaise à M. le président nommer un des membres du tribunal, pour procéder à l'ordre des créanciers ayant droit sur le prix d'une maison située à Paris, rue Saint-Antoine, n° 21 ; elle a été saisie à la requête dudit sieur H..., sur le sieur Maurice G..., marchand teinturier, demeurant à Paris, en vertu d'un jugement rendu au tribunal de première instance, séant à Paris, le onze janvier dernier, et adjugée à l'audience des criées du même tribunal, le vingt octobre suivant.

» A Paris, ce vingt-six novembre dix-huit cent cinq. *Signé* P..., avoué. »

Si l'ordre est requis par le plus diligent des créanciers inscrits, faute par celui qui a fait vendre l'immeuble de provoquer l'ordre dans le délai prescrit, on dira :

« Requiert le sieur André D..., marchand orfévre à Blois, créancier hypothécaire du sieur Maurice G..., marchand teinturier, demeurant à Paris, qu'il plaise à M. le président de nommer un des membres du tribunal pour procéder à l'ordre des créanciers ayant droit sur le prix d'une maison, située à Paris, rue Saint-Antoine, n° 21 ; elle a été saisie à la requête du sieur Bernard H..., négociant à Nantes, en vertu d'un jugement rendu au tribunal de première instance, séant à Paris, et elle a été adjugée à l'audience des criées du même tribunal, le vingt octobre suivant. Ledit sieur H.... n'ayant pas requis l'ordre dans le délai qui lui étoit fixé par la loi, le requérant a droit de se rendre poursuivant.

» A Paris, ce deux décembre mil huit cent cinq.   *Signé* Q..., avoué. »

L'adjudicataire a aussi le droit de requérir l'ordre, quand la huitaine, accordée au poursuivant de la saisie, est expirée. Si donc l'adjudicataire est le plus diligent, sa réquisition sera édigée dans le même sens.

Au bas de la réquisition, le président appose son ordonnance comme il suit :

« Nous commettons M. B... aux fins de la réquisition.

» A Paris, ce trois décembre mil huit cent cinq.   *Signé* A..., président. »

Le poursuivant l'ordre s'adresse au juge-commissaire pour lui demander une ordonnance portant que les créanciers seront sommés de produire leurs titres, dans le délai fixé par la loi. Alors, le juge ouvre le procès-verbal d'ordre ; il y mentionne la réquisition du poursuivant, et y consigne son ordonnance pour autoriser la sommation dont il s'agit. A ce premier acte du procès-verbal est annexé un extrait que le conservateur des hypothèques a délivré au poursuivant, et y comprend toutes les inscriptions existantes sur l'immeuble dont le prix est à distribuer. *Cod. jud., art.* 752.

MODELE de l'Ordonnance requise et rendue par le juge-commissaire.

« Aujourd'hui, six décembre mil huit cent cinq, devant nous, Thomas B..., juge-commissaire, nommé par M. le président, sur le registre des adjudications, en date du trois du courant, a comparu Me P..., avoué du sieur Bernard H..., négociant à Nantes. Il a dit qu'ayant fait saisir une maison, sise à Paris, rue Saint-Antoine, sur le sieur Maurice G..., marchand teinturier, demeurant à Paris, et l'ayant fait adjuger à l'audience des criées, le vingt octobre dernier, il requéroit notre ordonnance, pour l'autoriser à sommer les créanciers, ayant droit au prix de ladite maison, de produire leurs titres, afin que l'ordre puisse être par nous dressé.

» A cet effet, ledit Mᵉ P... nous a présenté l'extrait délivré, le trois de ce mois, par le conservateur des hypothèques du bureau de Paris, et contenant toutes les inscriptions existant sur ladite maison : ledit Mᵉ P... a signé en cet endroit.   *Signé* P..., avoué.

» Pour faire droit à la réquisition ci-dessus, nous disons que l'extrait des inscriptions hypothécaires demeurera annexé au présent procès-verbal ; en conséquence, à la requête de la partie de Mᵉ P..., les créanciers, dont les inscriptions sont mentionnées audit extrait, seront sommés de produire leurs titres de créance, pardevant nous, dans le mois, à l'effet, par nous, de dresser l'ordre et distribution du prix de ladite maison, entre lesdits créanciers ; il leur sera déclaré que, faute par eux de produire dans ledit délai, l'ordre sera dressé sur les seules pièces qui nous auront été remises.

» En foi de quoi nous avons signé le présent procès-verbal, avec notre greffier. *Signé* B...., juge-commissaire ; C..., greffier. »

En vertu de cette ordonnance, le poursuivant l'ordre fait sommer tous les créanciers inscrits de produire leurs titres dans le mois. Cette sommation, à l'égard des créanciers qui ont un avoué en cause, consiste dans un simple acte d'avoué ; à l'égard des autres créanciers, elle se fait par exploit signifié au domicile élu par chaque inscription. *Cod. jud., art.* 753.

MODELE de la Sommation.

« A la requête du sieur Bernard H..., négociant à Nantes, poursuivant l'ordre,

» En vertu de l'ordonnance rendue le six de ce mois, et consignée au procès - verbal de M. B..., juge-commissaire, nommé pour procéder à l'ordre des créanciers ayant droit au prix d'une maison, sise à Paris, rue Saint-Antoine, n° 21, et adjugée aux criées, le vingt octobre dernier, par suite d'une saisie faite sur le sieur Maurice G...,

» Soient sommés,

» Mᵉ J..., avoué de la veuve M..., demeurant à Paris,

» Et Mᵉ Ch..., avoué du sieur X...., serrurier à Paris, tuteur des mineurs Z...,

» Tous deux créanciers inscrits hypothécai-rement sur ladite maison,

» De produire les titres de leurs créances dans le mois, entre les mains de M. le commissaire; faute de faire leurs productions dans ledit délai, il leur est déclaré que l'ordre sera dressé sur les seules pièces produites.

» Fait à Paris, ce huit décembre mil huit cent cinq.   *Signé* P..., avoué. »

Cet acte est signifié dans la forme ordinaire, par un huissier-audiencier, qui en laisse une copie au domicile de chacun des avoués.

Quand il s'agit de faire sommation à un créan-cier qui n'a pas d'avoué en cause, la forme est celle d'un exploit, comme il suit :

« L'an mil huit cent cinq, le huit décembre, en vertu de l'ordonnance rendue, le six de ce mois, par M. B..., juge-commissaire, nommé pour procéder à l'ordre, entre les créanciers ayant droit au prix d'une maison, sise à Paris, rue Saint-Antoine, n° 21; laquelle a été adju-gée aux criées, le vingt octobre dernier, sur le sieur Maurice G..., marchand teinturier à Paris;

» Et à la requête du sieur Bernard H..., négociant à Nantes, pour lequel domicile est élu à Paris, en la demeure de M° P..., avoué, chargé d'occuper pour lui; moi, André N..., huissier reçu au tribunal de première instance de Paris, y demeurant, rue du Bouloi, n° 71, j'ai sommé le sieur Ambroise-R..., marchand épicier, demeurant à Orléans, créancier hypothécairement inscrit sur ladite maison, de produire les titres de sa créance. Je lui ai déclaré que, faute de faire sa production entre les mains dudit juge-commissaire, dans le mois, à compter de ce jour, l'ordre sera dressé sur les pièces des seuls créanciers qui auront produit.

» La présente sommation a été faite par moi audit sieur R..., en son domicile élu par son inscription, en la demeure du sieur I..., banquier à Paris, rue des Jeûneurs, n° 8, en parlant à un homme qui m'a dit être le commis dudit sieur I..., et à qui j'ai laissé copie du présent acte. *Signé* N..., huissier.

Dans le mois de cette sommation, chaque créancier est tenu de produire ses titres, avec un acte de produit, signé de son avoué, et contenant des conclusions, afin d'être colloqué dans le rang qui lui est assuré par la nature de sa créance. Le commissaire fait mention de cette remise de pièces, sur son procès-verbal à la suite de son ordonnance. *Cod. jud.*, *art.* 754.

MODELE de l'Acte de produit.

« Sophie T..., veuve de Denis M..., demeurant à Versailles, créancière hypothécaire du sieur Maurice G..., marchand teinturier à Paris, comme il paroît par l'extrait des inscriptions prises sur une maison, sise à Paris, rue Saint-Antoine, n° 21, et adjugée sur ledit sieur G.... à l'audience des criées, le vingt octobre dernier,

» Requiert M. le commissaire, nommé pour procéder à l'ordre des créanciers ayant droit au prix à distribuer, de la comprendre dans ledit ordre, suivant le rang où se trouve sa créance, d'après la date de son hypothèque ;

» 1°. Pour la somme de mille deux cents francs, montant d'un billet souscrit à son profit par ledit sieur G..., et au paiement duquel il a été condamné par jugement du tribunal de première instance séant à Paris, le quinze décembre dix-huit cent quatre ;

» 2°. Pour les intérêts, à compter du sept novembre même année, jour de la demande sur laquelle est intervenu ledit jugement ;

» 3°. Pour les frais faits sur ladite demande, et taxés, par exécutoire du quatre janvier dernier, à la somme de quatre cent quarante-deux francs.

» Afin de justifier la créance dont il s'agit, la veuve M... produit :

» 1°. Le billet de mille deux cents francs, souscrit par le sieur G..., en date du trois mars mil huit cent quatre, au profit de la requérante ;

» 2°. L'expédition du jugement rendu le quinze décembre mil huit cent quatre, et qui condamne ledit sieur G... au paiement du billet ci-dessus mentionné.

» 3°. L'exécutoire de dépens délivré le quatre janvier dernier, et ci-dessus énoncé ;

4°. L'emploi de l'inscription hypothécaire, prise par la requérante à la date du dix janvier mil huit cent cinq, ainsi qu'il est prouvé par l'extrait de toutes les inscriptions, qui est annexé au procès-verbal de M. le commissaire.

» Fait à Paris, ce seize décembre mil huit cent cinq.   *Signé* J..., avoué. »

Cet acte de produit, contenant demande en collocation, est remis par l'avoué au commissaire qui en fait mention à la suite de son procès-verbal, comme il suit :

» Le seize décembre dix-huit cent cinq, Mᵉ J..., avoué de la veuve M..., créancière hypothécairement inscrite, et ayant droit sur le prix dont il s'agit de faire la distribution, a produit, avec sa demande en collocation, trois pièces formant les titres de la créance de sa partie. Ledit Me J... a signé en cet endroit.

Signé J..., avoué. »

Les autres productions sont constatées de la même manière, à la suite les unes des autres ; et, à chaque vacation, le juge-commissaire ferme le procès-verbal par sa signature et celle du greffier.

§. I I I.

De la Subrogation à la poursuite d'ordre.

Dans la procédure relative à l'ordre, il en est comme dans celle concernant la saisie ; lorsque le créancier, qui s'est chargé de poursuivre, occasionne des retards, ou néglige de satisfaire aux formes prescrites, un autre peut lui être subrogé. *Cod. jud., art.* 779.

Dès que le poursuivant l'ordre a manqué de se conformer aux règles établies, le plus diligent des autres créanciers peut demander la subrogation. A cet effet, il se présente au juge-commissaire, qui consigne la réquisition sur le procès-verbal d'ordre, et qui déclare qu'au plus prochain jour il en fera son rapport. *Ibid.*

MODÈLE de la Demande en subrogation.

« Aujourd'hui, douze décembre mil huit cent cinq, devant nous Thomas B..., juge-commissaire nommé comme il est dit ci-dessus, a comparu Me J..., avoué de la veuve M..., demeurant à Versailles, créancière inscrite hypothécairement sur la maison mentionnée plus haut, et dont il s'agit de distribuer le prix.

» Il a dit que notre ordonnance du six de ce mois, portant que sommation seroit faite aux créanciers inscrits de produire leurs titres dans le mois, a été rendue sur la réquisition du sieur Bernard H...., qui avoit poursuivi la saisie immobilière de ladite maison; que ledit sieur H... n'a point encore fait de sommation, en vertu de cette ordonnance; ce qui retarde la procédure d'ordre, et annonce une collusion, ou au moins une négligence préjudiciable aux parties intéressées.

» Dans ces circonstances, le requérant a demandé à être subrogé audit sieur H..., dans la poursuite de l'ordre dont il s'agit; ledit Me J... a signé en cet endroit. *Signé* J..., avoué.

» Nous avons donné acte à Me J... de sa demande; avons ordonné qu'elle sera communiquée au sieur H...., par acte d'avoué, et avons déclaré qu'il en sera, par nous, fait rapport à la chambre du conseil.

» En foi de quoi, nous avons signé le présent procès-verbal avec notre greffier.

Signé B..., juge-commissaire; C..., greffier.»

Par acte d'avoué, le poursuivant est averti de prendre communication de la demande formée contre lui. *Cod. jud., art.* 779.

MODÈLE de l'Acte contenant communication de la demande.

« A la requête de Mᵉ J..., avoué de la veuve M .., demanderesse en subrogation,

» Soit signifié à Mᵉ P . . ., avoué du sieur H..., poursuivant l'ordre,

» Qu'elle a formé sa demande en subrogation de la poursuite d'ordre, dont acte lui a été donné par M. le commissaire, sur le procès-verbal, en date du jour d'hier.

» Mᵉ P... est sommé d'en prendre communication, si bon lui semble, et il lui est déclaré que le rapport en sera fait au premier jour, à la chambre du conseil.

» Fait à Paris, ce treize décembre mil huit cent cinq.   *Signé* J..., avoué.

» L'acte ci-dessus a été signifié par moi soussigné, huissier-audiencier, et copie en a été laissée au domicile de Mᵉ P..., avoué, en parlant à son clerc.

» A Paris, ce quatorze décembre mil huit cent cinq. *Signé* Dr..., huissier. »

Le poursuivant prend communication de la demande en subrogation, si bon lui semble ;

et s'il y fait une réponse, elle est consignée au procès-verbal.

Au premier jour où le tribunal se réunit, le juge-commissaire, sans attendre que le poursuivant se soit présenté, fait son rapport, non pas à l'audience, mais dans la chambre du conseil, où la demande en subrogation est jugée sommairement. De là il suit que les parties ne sont pas présentes au jugement ; le tribunal prononce après avoir pris connoissance de ce que porte le procès-verbal. *Cod. judiciaire, art.* 779.

Si la subrogation est ordonnée, le requérant est tenu de remettre les pièces de la poursuite au subrogé, sur son récépissé. Il sera employé dans l'état de distribution, pour les frais de poursuite faits jusqu'à ce jour ; quant aux autres frais qui auront lieu par la suite, ce sera le subrogé qui les fera employer dans le même état de collocation.

CHAPITRE II.

De l'État de collocation.

Trois paragraphes divisent ce chapitre. Le premier dira quand est dressé et communiqué l'état de collocation, et parlera des productions tardives ; le second s'occupera de la clôture de l'ordre; et le troisième, du sous-ordre.

§. Iᵉʳ.

Quand est dressé et communiqué l'État de collocation; productions tardives.

Aussitôt que le délai pour produire est expiré, et sans attendre plus long-temps les productions de ceux qui sont en retard, le juge-commissaire dresse un état des créances. Chacune y est placée dans l'ordre où, d'après les titres qui les justifient, elles doivent être payées. C'est ce qu'on appelle *colloquer*, dresser l'état de *collocation*; ces expressions viennent du latin *collocare*, qui signifie disposer, arranger en ordre.

Cet état s'écrit à la suite du procèsverbal, où la remise des pièces se trouve constatée, ainsi que tout ce que fait le juge-commissaire.

Si tous les créanciers avoient produit avant la fin du délai qui leur est accordé, l'état de collocation seroit fait incontinent, sans qu'il fût besoin de laisser écouler le mois entier. *Cod. jud., art.* 755.

MODELE de l'Etat de collocation.

« État de collocation des créanciers ayant droit :

» 1º. A la somme de quinze mille francs,

formant, outre les autres charges de l'adjudication, le prix d'une maison sise à Paris, rue Saint-Antoine, n° 21, vendue aux criées, par jugement du vingt octobre dernier, sur le sieur Maurice G..., marchand teinturier à Paris, au profit du sieur Charles O..., marchand de grains, demeurant à Paris;

» 2°. A la somme de huit cents francs, provenant des loyers saisis - arrêtés, à la requête du poursuivant, entre les mains du sieur K..., principal locataire de ladite maison.

» Le présent état de collocation est fait par nous, Thomas B..., juge-commissaire nommé par ordonnance de M. le Président, sur le registre des adjudications, le trois décembre dernier,

» Entre le sieur Bernard H..., négociant à Nantes, à la requête duquel s'est faite la vente de ladite maison, et qui, aujourd'hui, poursuit l'ordre;

» Et les créanciers inscrits hypothécairement, qui nous ont produit leurs titres et pièces, avec leurs demandes de collocation;

» Contre ledit sieur G...;

» En exécution de notre ordonnance du six décembre dernier, portant que les créanciers hypothécaires seroient sommés de produire dans le mois.

» Pour y satisfaire, le délai prescrit par la loi étant expiré, nous avons, à la requête dudit poursuivant l'ordre, et sur les pièces produites et mentionnées en notre procès-verbal ci-dessus, procédé audit ordre, ainsi qu'il suit. »

Créances privilégiées.

« Sur la somme de quinze mille francs, prix de l'adjudication ,

» 1°. Celle de deux cents francs, montant des frais que nous avons taxés pour la radiation des inscriptions existantes, sera retenue par ledit sieur O..., adjudicataire de ladite maison.

» 2°. La somme de quatre cents francs, à quoi se montent les frais extraordinaires, faits sur la saisie immobilière, et liquidés par jugement du vingt-sept septembre dernier, qui a ordonné de les employer ;

» Et celle de quatorze cents francs, à quoi se montent les frais de la poursuite du présent ordre, et par nous taxés, seront payées à Me P..., avoué du poursuivant, comme les ayant avancées.

» 3°. Celle de trois cent cinquante francs, à quoi se montent les frais faits au nom des créanciers contestans, et par nous taxés, sera payée à Me S..., avoué, qui les a avancés, comme représentant la masse desdits créanciers. »

Créances hypothécaires.

« Sur le surplus de la somme sera payé :

» 1°. Celle de trois mille cinq cents francs au sieur Bertrand H...., négociant à Nantes, créancier poursuivant, en vertu d'une obligation de pareille somme souscrite par le sieur G..., devant ¡L.... et son confrère, notaires à Paris, le huit septembre mil huit cent deux, et pour laquelle a été pris inscription hypothécaire sur laditemaison, à la date du cinq octobre suivant ;

» 2°. Celle de mille six cent quarante - deux francs due à Sophie T..., veuve de Denis M..., demeurant à Versailles ; savoir : mille francs pour le montant d'une condamnation prononcée à son profit contre ledit sieur G..., par jugement rendu, le quinze décembre mil huit cent quatre, au tribunal de première instance de Paris ; plus celle de deux cents francs à quoi se trouveront monter les intérêts de ladite somme, depuis le jour de la demande, comme le prononce ledit jugement, jusqu'au jour où les bordereaux de collocation seront délivrés ; et quatre cent quarante-deux francs pour le montant d'un exécutoire de dépens du quatre janvier mil huit cent cinq. Pour cette créance, inscription hypothécaire a été prise sur ladite maison, le vingt-deux du même mois de janvier mil huit cent cinq.

» 3°. Seront payés sept mille trois cent cinquante francs dus au sieur Joseph X..., serrurier à Paris, en sa qualité de tuteur des enfans mineurs de défunt Michel Z....; savoir : sept mille francs, pour le remboursement d'une rente de trois cent cinquante francs constituée par le sieur G..., au profit du père desdits mineurs, suivant un acte passé devant B... et son confrère, notaires à Paris, le trente janvier mil huit cent; plus, trois cent cinquante francs, pour une année d'arrérages qui se trouvera échue lors de la délivrance des bordereaux de collocation. Pour cette créance, inscription hypothécaire a été prise sur ladite maison, le vingt-trois janvier mil huit cent cinq. »

Créances chirographaires.

« Le restant des quinze mille francs du prix de ladite maison est de cent cinquante-huit francs, lesquels, avec les huit cents francs provenant des loyers saisis-arrêtés entre les mains du sieur K...., principal locataire, fait la somme de neuf cent cinquante-huit francs, appartenant aux créanciers chirographaires qui ont produit leurs titres entre nos mains, après avoir, par saisie-arrêt, formé opposition à la délivrance des deniers qui pourroient excéder le montant des créances employées dans l'ordre.

» Cette somme étant insuffisante pour satisfaire à tous les créanciers chirographaires, dont les créances se montent, en total, à trois mille huit cent trente-deux francs, elle doit être distribuée entre eux par contribution, à raison du quart, pour chaque créance, ainsi qu'il suit :

» 1°. Au sieur C..., marchand tailleur, créancier d'une somme de cent francs, selon un mémoire arrêté par le sieur G..., et enregistré le huit janvier mil huit cent quatre, il sera payé, pour sa portion contributoire, la somme de vingt-cinq francs.

» 2°. Au sieur En...., marchand épicier, créancier d'une somme de quatre cents francs, montant d'un billet à ordre, souscrit par le sieur G..., et protesté par exploit du vingt-un mars mil huit cent quatre, il sera payé, pour sa portion contributoire, la somme de cent francs.

» 3°. Au sieur Di..., entrepreneur de bâtimens, créancier d'une somme de trois mille trois cent trente-deux francs, pour réparations faites en diverses années à ladite maison, ainsi qu'il résulte de divers mémoires réglés par un expert nommé d'office, en exécution d'un jugement rendu au tribunal de première instance de Paris, le douze mai mil huit cent quatre, il sera payé, pour sa portion contributoire, la somme de huit cent trente-trois francs.

» Le présent ordre ayant été par nous clos et arrêté, nous ordonnons qu'à la diligence du poursuivant, les créanciers produisans et la partie saisie soient sommés d'en prendre communication, et de contredire, s'il y a lieu, dans le mois, sur notre présent procès-verbal, qui a été signé par nous et notre greffier.

» Fait à Paris, ce quinze janvier mil huit cent six.   *Signé* B..., juge-commissaire ; C..., greffier. »

Dès que l'état de collocation est achevé, le poursuivant en avertit les seuls créanciers qui ont produit, et la partie saisie ; il les somme en même temps de prendre communication tant de l'état de collocation que des productions, et de contredire les articles qui leur paroîtront contraires à leurs intérêts. Cet avertissement ne se fait que par acte d'avoué, parce que, chaque production étant accompagnée d'une requête, tous les créanciers produisans ont nécessairement chacun leur avoué en cause. *Ibid.*

MODELE de Sommation pour Communication.

« A la requête du sieur Bernard H..., négociant à Nantes, poursuivant l'ordre, entre les créanciers ayant droit au prix d'une maison sise rue du faubourg Saint-Antoine, n° 21, vendue aux criées, le vingt octobre dernier, sur le sieur G....;

Soit signifié à Me J...., avoué de la veuve M..., demeurant à Versailles;

» Et à M^e. Ch..., avoué du sieur X..., tuteur des mineurs Z..., demeurant à Paris;

» Tous deux créanciers hypothécaires du sieur G..., et qui ont produit leurs titres à M. le commissaire;

» Enfin à Me Y...., avoué du sieur G..., partie saisie;

» Que l'état de collocation est clos et arrêté.

» En conséquence, en vertu de l'ordonnance du quinze janvier, présent mois, par laquelle M. le commissaire a terminé cet état, soient sommés lesdits Mes J..., Ch... et Y..., d'en prendre communication, et d'y contredire sur le même procès-verbal, s'ils le jugent convenable; leur déclarant que, faute de le faire dans le mois, à compter de ce jour, ils seront forclos, sans nouvelle sommation ni jugement.

» Fait à Paris, ce dix-sept janvier mil huit cent six.   *Signé* P...., avoué.

» Le présent acte a été signifié par moi soussigné, huissier-audiencier du tribunal civil de Paris, à Mes J..., Ch..., et Y...., en leur domicile, en parlant chez tous trois à un clerc, à chacun desquels j'ai laissé une copie de la présente signification.

» A Paris, ce dix-huit janvier mil huit cent six.   *Signé* N..., huissier. »

Les contredits, s'il en est fait quelqu'un par les créanciers ou la partie, sont consignés sur le procès-verbal d'ordre, à la suite de l'état de collocation.

Un mois seulement est accordé aux créanciers produisans et à la partie saisie, pour prendre communication et contredire, entre les mains du juge-commissaire. Ceux qui laissent passer ce délai sans obéir à la sommation, demeurent forclos; c'est-à-dire, qu'ils ne sont plus reçus à prendre communication, ni à contredire; on les considère comme ayant acquiescé à l'état de collocation. *Cod. jud.*, *art.* 756.

Aucun dire ne peut être consigné sur le procès-verbal, s'il n'a pour objet de contester un des articles de l'état de collocation. Toute autre observation, en effet, seroit étrangère à l'ordre auquel on procède. *Ibid.*

Pendant le délai pour prendre communication et contredire, s'il se présentoit une production de la part d'un créancier en retard, seroit-elle reçue? Oui, parce qu'il est permis de produire tant que l'état de collocation n'est pas clos. Mais les créanciers tardifs sont punis alors, en ce qu'ils supportent, sans répétition, et sans pouvoir les réclamer dans aucun cas, les frais auxquels leurs productions ont donné lieu. Ainsi, comme il faut que le poursuivant l'ordre fasse une nouvelle sommation aux autres créanciers produisans et à la partie, pour prendre communication de la production tardive, et pour contredire, s'il y a lieu, les frais qui en naissent, sont toujours à la charge du créancier en retard. *Cod. jud.*, *art.* 757.

Ce n'est pas tout; il est un terme, comme on le verra par la suite, auquel cessent les intérêts des créances colloquées; or, celui qui ne produit qu'après le délai fixé est nécessairement cause que ce terme est retardé; en conséquence, il est garant des intérêts qui courent, à compter du jour où ils auroient cessé si la production eût été faite dans le temps prescrit. *Ibid.*

<h2 style="text-align:center">§. II.</h2>

<h3 style="text-align:center">*De la Clôture de l'Ordre.*</h3>

Quand le délai pour prendre communication et contredire l'état de collocation est expiré sans qu'il se soit élevé de contestations, le juge-commissaire procède à la clôture de l'ordre, toujours à la suite de son procès-verbal. D'abord , il liquide les frais de la radiation des inscriptions hypothécaires de tous les créanciers colloqués , tant de ceux qui le sont utilement que de ceux à qui la collocation n'est pas utile. Il fixe également le montant des frais que la poursuite d'ordre a occasionnés : c'est dans les pièces qui ont été produites , qu'il trouve celles qui doivent passer en taxe. *Cod. jud.*, *art.* 759.

En second lieu, il prononce la déchéance des créanciers qui , jusqu'alors , n'ont point produit les pièces justificatives de leurs créances. A compter de ce moment, il devient impossible aux créanciers tardifs de paroître dans l'ordre. *Ibid.*

Troisièmement, il ordonne la délivrance des bordereaux de collocation aux créanciers utilement colloqués, c'est-à-dire pour le paiement desquels il se trouve assez de deniers *Ibid.*

C'est le greffier qui , comme on le dira par la suite, délivre aux créanciers les bordereaux de collocation , qui sont acquittés par l'adjudicataire ou par le dépositaire du prix, s'il y a eu consignation.

Chaque bordereau mentionne à quelle somme se trouve taxée la radiation de l'inscription hypothécaire ; et celui qui acquitte le bordereau retient , au profit de l'adjudicataire , les frais de cette radiation. *Ibid.*

A l'égard des créanciers dont la collocation n'est pas utile, parce que le prix est insuffisant pour les payer, la radiation de leur inscription n'en est pas moins ordonnée ; car l'immeuble ne peut plus être affecté de leur hypothèque, dès que tout le prix de l'adjudication est distribué.

Les frais de radiation à leur égard se trouvent compris dans ceux de poursuites pris sur la masse. *Cod. jud., art.* 759.

MODELE du Procès-verbal d'ordre.

« Aujourd'hui, vingt-un février mil huit cent six, devant nous, juge-commissaire nommé, comme il est dit ci-dessus, a comparu Mᵉ P...., avoué du sieur H...., poursuivant l'ordre des créanciers du sieur G....

» Il nous a représenté l'original d'un acte signifié le huit décembre dernier aux avoués de la veuve M... et du sieur X..., tuteur des mineurs Z..., créanciers inscrits hypothécairement sur la maison dont il s'agit de distribuer le prix. Pareillement il nous a représenté l'original d'un exploit signifié le même jour, huit décembre, au sieur Ambroise R..., marchand épicier à Orléans, au domicile élu par l'inscription prise par ce dernier sur ladite maison.

» Ces deux actes avoient pour but de sommer les créanciers inscrits du sieur G... de produire leurs titres en nos mains dans le mois, en vertu de notre ordonnance écrite au présent procès - verbal, à la date du six décembre dernier.

» La veuve M... et le sieur X... ont remis leurs titres ; mais le sieur R... n'a point produit.

» En conséquence, l'état de collocation ayant été par nous dressé le quinze janvier dernier, sur les seules pièces remises en nos mains, les créanciers produisans ont été sommés d'en prendre communication, et d'y contredire dans le mois ; ce que justifie la représentation , par Me P..., de l'original de la sommation faite le dix - sept du mois dernier aux avoués des produisans.

« Ledit Me P... nous a observé que le mois accordé pour contredire étoit expiré sans qu'aucune contestation ait été élevée, et sans qu'aucune nouvelle production ait été faite; il nous a ensuite requis de procéder à la clôture de l'ordre , et de déclarer la forclusion acquise contre le sieur R..., et il a signé en cet endroit.

» *Signé* P... , avoué.

» Nous avons donné acte audit Me P... de sa comparution ; et , faisant droit à sa réquisition, nous avons déclaré déchu du présent ordre le sieur R..., créancier inscrit non produisant;

son inscription sera rayée, en ce qu'elle frappe sur la maison dont le prix est distribué par le présent ordre.

» Nous avons ensuite clos et arrêté l'état de collocation des créanciers du sieur G..., tel qu'il est dressé au présent procès-verbal, à la date du quinze janvier dernier, pour être exécuté selon sa forme et teneur; en conséquence, les bordereaux de collocation seront délivrés à chaque créancier utilement colloqué, à la charge par lui de consentir, sur sa quittance, la radiation de son inscription, et, en recevant le montant de sa collocation, de souffrir, au profit de l'adjudicataire, la déduction des frais de ladite radiation, tel que nous les avons taxés, et tels qu'ils seront indiqués dans chaque bordereau.

» En foi de quoi, nous avons signé avec notre greffier le présent procès-verbal.

» *Signé* B..., juge - commissaire; C...., greffier. »

§. III.

Du Sous-Ordre.

Il arrive quelquefois que les créanciers, colloqués dans un ordre, ont contracté des obligations envers des personnes qui veulent assurer leur paiement sur le montant de la collocation de leur débiteur. A cet effet, celles-ci, jusqu'à la clôture de l'ordre, peuvent prendre une inscription au bureau des hypothèques, où leur débiteur auroit dû s'inscrire; par cette inscription, on conserve les droits de ce débiteur, comme s'il s'étoit lui-même fait inscrire; elle a aussi l'effet d'une saisie-arrêt sur la portion du prix à laquelle sera portée la collocation du débiteur, pour sa créance sur le bien vendu. *Art.* 778.

Si ce débiteur avoit pris une inscription, ses créanciers n'auroient plus lieu de faire eux-même cet acte conservatoire; mais ils pourroient, avant la clôture de l'ordre, former opposition, ou, autrement dit, saisir-arrêter ce qui lui revient pour le montant de sa collocation, entre les mains de l'adjudicataire ou acquéreur. *Ibid.*

De ces précautions prises par ceux qui prétendent droit sur la portion du prix revenant à leur débiteur, il résulte que celui-ci ne touche pas directement le montant de sa collocation. Le juge-commissaire établit entre ses créanciers une répartition que l'on nomme *sous-ordre*, parce qu'elle vient à la suite de l'ordre; elle ne se fait pourtant pas sur les mêmes principes.

En effet, par *sous-ordre* on entend seulement que le montant d'une collocation comprise dans l'ordre est réparti entre les créanciers de celui à qui appartient cette collocation. Mais il n'en faut pas conclure que cette répartition se fasse par ordre d'hypothèque ; les principes s'y refusent. Quels que soient les titres des créanciers en sous-ordre , ils n'ont jamais pu avoir de droit sur l'immeuble dont le prix se distribue. Ce qui résulte de l'inscription de leur débiteur est une somme d'argent ; c'est là l'unique gage des créanciers en sous-ordre ; par conséquent c'est un objet purement mobilier, dont le partage ne peut se faire que par contribution. *Cod. jud.*, *art.* 778.

La procédure de cette distribution secondaire ne peut pas retarder la clôture de l'ordre ; car, pour que la distribution en sous-ordre puisse avoir lieu , il faut que la collocation qui en est l'objet ne soit pas contestée. Or, cette certitude n'est acquise qu'après la clôture de l'ordre ; alors seulement on est en état de s'occuper de la distribution en sous-ordre, suivant les règles prescrites par le Code judiciaire au titre de la *Distribution par Contribution.*

SECTION II.

Règles pour colloquer les Créances dans leur rang.

Dans deux chapitres on verra :

1°. Combien il y a d'espèces de créances;

2°. Dans quel ordre chaque espèce est collo-
quée.

CHAPITRE PREMIER.

Combien il y a d'espèces de Créances.

Quand le juge-commissaire dresse l'état de
collocation, il a sous les yeux des titres qui
annoncent des priviléges, des titres, qui, sans
privilége, frappent l'immeuble d'hypothèques,
et des titres qui ne donnent ni privilége ni
hypothèque; on les nomme *chirographaires*.

Parmi les privilégiés il s'en trouve qui portent à la fois et sur les meubles et sur les immeubles du débiteur; on en parlera dans un
premier paragraphe. D'autres ne frappent que
sur les immeubles; ils feront l'objet d'un se
cond paragraphe. Un troisième expliquera les
créances hypothécaires et chirographaires.

§. Iᵉʳ.

Des Priviléges généraux.

Les créances, dont le privilége est général,
portent de préférence sur les meubles; en cas

d'insuffisance des meubles, ce privilége affecte les immeubles. Quant au privilége spécial sur certains meubles, il est évident qu'il se restreint à l'objet auquel il s'applique, et ne passe ni aux autres meubles ni aux immeubles. Il n'est donc utile de parler ici que du privilége général sur les meubles qui, à leur défaut, s'étend aux immeubles. Les créances qui le produisent sont désignées par l'article 2101 du Code civil.

1º. Les frais de justice. On n'entend que ceux qui ont été faits pour parvenir à la vente de l'objet dont il s'agit de distribuer le prix. Si, par exemple, cette vente est faite par suite d'une saisie, les frais faits avant le procès-verbal de saisie ne sont pas compris dans ceux qui sont privilégiés.

2º. Les frais funéraires. La loi ne les détermine pas; en sorte qu'il paroît assez raisonnable de ne pas étendre le privilége aux frais qui sont purement de luxe. Au reste, suivons l'esprit de la loi, qui est sans doute de laisser aux juges à prononcer selon les circonstances, l'état et la profession du défunt.

3º. Les frais de la dernière maladie. Il faut entendre ce qui est dû pour médecins, chirurgiens, apothicaires et gardes. Ils ont un privilége égal; ils sont donc payés entre eux par concurrence. Nulle difficulté ne se rencontre pour reconnoître la dernière maladie, quand le débiteur est mort en peu de temps ; mais, s'il n'a péri qu'à la suite d'une de ces maladies chroniques, dont le commencement remonte à une époque éloignée, et souvent impossible à fixer, la dernière maladie commencera précisément du jour où le débiteur est tombé, pour la dernière fois, dans l'impuissance de vaquer à ses affaires. Si ce terme étoit lui-même fort ancien, on suivroit la jurisprudence, que le Code civil ne paroît pas avoir abolie, et qui, en pareille circonstance, donne le privilége aux frais que la maladie a occasionnés pendant la dernière année.

4°. Les salaires des gens de service pour l'année échue, et pour ce qui se trouve dû sur l'année courante.

Les gens de service sont les valets, et en général tous ceux qui exercent dans la maison un emploi servile. Ainsi le salaire d'un secrétaire, ou d'un commis de marchand, n'obtient aucun privilége.

Rien n'empêche que les gens de service ne puissent réclamer les salaires, pour plusieurs années, s'ils prouvent qu'ils n'ont pas été payés ; mais ils ne sont jamais privilégiés que pour l'année échue et pour ce qui est dû sur l'année courante, à l'époque du décès du débiteur. S'il ne s'agit pas d'une succession, l'époque de laquelle on part pour, en remontant, déterminer l'année échue, est celle où le débiteur cesse d'avoir droit sur l'objet vendu, ou adjugé.

5°. Les fournitures faites pour la subsistance du débiteur et de sa famille, pendant les six derniers mois, par les marchands en détail, tels que boulangers, bouchers, et autres, et pendant la dernière année, par les maîtres de pension et marchands en gros.

Une particularité bien essentielle à remarquer, c'est que les priviléges généraux dont on vient de parler s'étendent à tous les immeubles, à défaut des meubles, même sans qu'il soit besoin de prendre inscription pour les conserver. *Cod. civ.*, *art.* 2107.

§. I I.

Des Priviléges sur les Immeubles.

La seconde espèce des priviléges qui entrent en considération dans un ordre de créanciers, comprend ceux qui n'affectent que les immeubles. Ils sont déterminés dans l'artcle 2103 du Code.

1°. Le vendeur de l'immeuble a un privilége sur ce même hérititage, pour le paiement du prix.

2°. Ceux qui ont fourni les deniers pour l'acquisition de l'immeuble ont privilége, sur cet objet, pour les deniers prêtés.

3°. Les cohéritiers ont un privilége sur les immeubles de la succession, pour la garantie des partages et des soultes ou retour de lots ; en général, les copartageans ont un privilége sur les biens partagés, ou licités, soit pour les soultes et retour de lots, soit pour ce qui leur revient dans le prix de la licitation.

4°. Les architectes, entrepreneurs, maçons, et autres ouvriers, ont, sur l'immeuble auquel ils ont travaillé, un privilége pour le paiement des ouvrages et fournitures qu'ils y ont faits.

5°. Ceux qui ont prêté des deniers pour payer les architectes, entrepreneurs, maçons, et autres ouvriers, sont subrogés au privilége des personnes aux droits desquelles ils se sont mis.

Pour opérer le privilége dans les deux derniers cas, il faut observer des formalités dont on parlera au chapitre suivant.

Les priviléges, qui affectent les immeubles, n'ont d'effet que quand ils ont été inscrits au bureau du conservateur des hypothèques, et seulement à compter de la date de l'inscription. *Cod. civ.*, *art.* 2106.

La forme de l'inscription est la même que pour les hypothèques ; on peut donc voir ce que nous en dirons au paragraphe suivant.

Le vendeur de l'immeuble n'a pas besoin de

se faire inscrire, la transcription du titre d'a-
liénation par l'acquéreur vaut inscription, soit
pour le vendeur, soit pour celui qui a prêté
les deniers dont le vendeur a été payé; en
conséquence, le conservateur des hypothèques
est tenu de faire, au profit de l'un ou de l'autre,
une inscription d'office sur son registre. *Cod.
civ., art.* 2107.

Il est accordé un délai de soixante jours aux
copartageans, à dater du jour du partage, ou de
l'adjudication de l'immeuble licité, pour prendre
leurs inscriptions. Pendant ce délai, aucune hypothèque ne peut être prise sur l'immeuble au
préjudice du privilége des copartageans. *Cod.
civ., art.* 2109.

Observez que les architectes, entrepreneurs,
maçons, et autres ouvriers, ainsi que ceux qui
sont subrogés à leurs droits, conservent leur
privilége en faisant inscrire au bureau des hypothèques; 1° le procès-verbal qui constate
l'état des lieux; 2° le procès-verbal de la réception des ouvrages. Le privilége alors remonte à
la date du premier de ces deux procès-verbaux.
Cod. civ., art. 2110.

Les créanciers d'une succession ont le droit
de demander que les biens qui appartenoient
au défunt, soient séparés de ceux que possède
personnellement l'héritier, afin d'être payés sur

les biens de la succession, par préférence aux créanciers de l'héritier. Cette faculté peut être exercée par les créanciers de la succession, à l'égard des immeubles, tant qu'ils sont dans la possession de l'héritier. *Cod. civ., art.* 880.

Un délai aussi indéterminé doit-il empêcher les créanciers de l'héritier de s'inscrire sur les nouveaux immeubles qui lui viennent du défunt? La loi accorde six mois, à compter de l'ouverture de la succession, pour que les créanciers du défunt puissent s'inscrire; et, par cette formalité remplie sur chacun des biens, les créanciers de l'héritier ne pourront jamais primer ceux de la succession, toutes les fois qu'il s'agira de distribuer le prix des immeubles qui en dépendent. Par conséquent, tant que durent les six mois, aucune hypothèque ne peut être acquise au préjudice de ceux à qui ce délai est accordé. *Cod. civ., art.* 2111.

De là il suit qué tout créancier d'une succession ne doit pas négliger de se faire inscrire sur les biens qui en dépendent, dans les six mois, même sans examiner si, un jour, il demandera que les biens du défunt soient séparés de ceux de l'héritier; car, sans cette précaution, si, après l'expiration des six mois, cette séparation devenoit nécessaire à demander, elle pourroit n'être qu'une ressource inutile.

Les cessionnaires de créances privilégiées exercent les droits qui leur ont été cédés, comme l'auroient fait ceux mêmes de qui ils les tiennent. *Cod. civ.*, *art.* 2112.

§. III.

Des Hypothèques, et des Créances chirographaires.

L'hypothèque est un gage immobilier que donne le débiteur à son créancier ; c'est-à-dire, que, par l'effet de l'hypothèque, l'immeuble du débiteur est tellement affecté au paiement du créancier, que celui-ci a le droit, faute de paiement, de faire vendre l'objet hypothéqué, pour en toucher le prix jusqu'à due concurrence, et préférablement à tous autres créanciers à qui l'immeuble n'auroit pas été précédemment engagé.

Le mot *hypothèque* vient du grec, ἱπό qui signifie *sur*, et de Θηχη, qui signifie *posé ;* on a voulu indiquer que l'hypothèque pose immédiatement sur l'immeuble. Elle lui est en effet tellement attachée, que les jurisconsultes la désignent *jus in re*, droit dans la chose, bien plus fort que *jus ad rem*, droit à la chose.

Voilà pouquoi le Code civil définit l'hypothèque un droit réel sur les immeubles affectés au paiement de l'obligation ; droit qui suit les immeubles, dans quelques mains qu'ils passent. *Cod. civ., art.* 2114.

On distingue les hypothèqurs légales, judiciaires et conventionnelles.

L'hypothèque légale est celle qui résulte de la loi, sans qu'il soit besoin de la convention des parties : elle n'a donc lieu que dans les cas prévus par la loi.

Les droits et les créances auxquels l'hypothèque légale est attribuée, sont désignés dans l'article 2121 du Code civil.

1°. Ceux des femmes mariées sur les biens de leurs maris.

2°. Ceux des mineurs et interdits sur les biens de leurs mineurs.

3°. Ceux de l'Etat, des communes et des établissemens publics, sur les biens des receveurs et des administrateurs comptables.

Les créanciers qui ont hypothèque légale, exercent leurs droits sur tous les immeubles du débiteur, tant sur ceux qu'il possède actuellement, que sur ceux qui lui viendront par la suite. *Cod. civ., art.* 2122.

Tout jugement rendu en France par les tribunaux, donne à la partie qui l'obtient, hypothèque sur tous les biens présens et à venir de son débiteur condamné ; c'est ce qu'on appelle l'hypothèque judiciaire. *Cod. civ., art.* 2123.

A l'égard de l'hypothèque conventionnelle, elle résulte de la volonté que le débiteur a exprimée dans un acte passé en forme authentique devant notaire. *Cod. civ.*, *art.* 2127.

L'hypothèque conventionnelle n'affecte que les immeubles désignés spécialement par le débiteur. Par conséquent, il faut que les biens hypothéqués de cette manière appartiennent actuellement à celui qui les engage ; les biens que le débiteur acquiert par la suite ne sont donc pas sujets à l'hypothèque conventionnelle. *Cod. civ.*, *art.* 2129.

Quand on a un titre d'où il résulte une hypothèque, soit judiciaire, soit conventionnelle, on ne peut en tirer avantage, par rapport à des tiers, qu'après avoir marqué la volonté où l'on est d'en jouir : c'est ce qu'on appelle conserver son hypothèque. La formalité prescrite à ce sujet consiste dans une inscription prise au bureau de la conservation des hypothèques, dans l'arrondissement duquel sont situés les biens soumis à l'hypothèque. *Cod. civ.*, *art.* 2146.

Pour opérer l'inscription dont il s'agit, on représente au conservateur des hypothèques le titre de créance qui donne naissance à l'hypothèque. On y joint deux bordereaux, dont l'un peut être écrit à la suite du titre de créance. *Cod. civ.*, *art.* 2148.

Ces bordereaux sont en tout semblables ; c'est-à-dire, que l'un est le double de l'autre ; ils contiennent, selon le même article :

1°. Les noms, profession et demeure du créancier, et une élection de domicile dans l'arrondissement du bureau ;

2°. Les noms, profession et demeure du débiteur, ou du moins une désignation telle que le conservateur puisse le reconnoître dans tous les cas ;

3°. La date et la nature du titre ;

4°. Le montant de la dette exprimée par le titre, ou évaluée par le créancier qui s'inscrit, dans le cas où l'obligation n'est pas d'une somme liquide et déterminée.

5°. Enfin, l'indication de l'espèce et de la situation des biens sur lesquels on s'inscrit.

Lorsque le titre est un jugement, le créancier ne connoît pas les immeubles de son débiteur ; alors, l'inscription peut être prise sur lui sans désignation des biens, et elle porte sur tous ceux qu'il possède ou possédera dans l'arrondissement.

Le conservateur fait mention, sur son registre, du contenu aux deux bordereaux, au bas desquels il certifie avoir fait l'inscription. L'autre bordereau, ainsi que le titre de créance, est rendu à celui qui est venu faire inscrire. *Cod. civ., art.* 2150.

Cette formalité de l'inscription n'est point nécessaire pour l'exercice d'un droit d'hypothèque légale ; néanmoins, il est bien utile aux maris, aux tuteurs, et aux administrateurs publics, de prendre inscription pour leurs femmes, leurs mineurs ou interdits, ou pour les établissemens confiés à leurs soins ; autrement, ils seroient responsables des paiemens qui seroient faits au préjudice de l'hypothèque qu'ils auroient négligé de faire connoître par l'inscription.

Lorsque l'inscription légale est requise, il suffit de représenter deux bordereaux contenant, suivant *l'article* 2153 du Code civil,

1°. Les noms, la demeure et profession du créancier, ainsi que le domicile élu pour lui dans l'arrondissement ;

2°. Les noms, profession et domicile, ou une désignation précise du débiteur ;

3°. La nature des droits à conserver, et le montant de ceux qui sont déterminés ; quant aux droits conditionnels, éventuels ou indéterminés, il n'est pas nécessaire d'en fixer la valeur.

Une inscription conserve l'hypothèque pendant dix années ; en sorte que, si on la renouvelle avant l'expiration de ce délai, elle durera encore dix ans, et conservera sa première date. Mais, si, après les dix ans expirés, on faisoit inscrire la même créance, ce seroit une nouvelle inscription, qui ne dateroit que du jour où elle auroit été prise pour la seconde fois. *Cod. civ.*, art. 2154.

On nomme *créances chirographaires*, celles qui ont pour titre un acte qui n'est point authentique, tels que ceux faits sous signatures privées. L'expression vient des mots grecs χειρ, qui signifie *main*, et γραφω, qui signifie *j'écris*. On a voulu marquer que le titre du créancier chirographaire ne consiste que dans l'écriture du débiteur, et n'est pas revêtu d'un caractère authentique. Un pareil titre n'est susceptible d'aucune hypothèque.

CHAPITRE II.

Dans quel ordre les Créances sont colloquées.

Le juge-commissaire, chargé de dresser l'état de collocation, doit séparer les créances en quatre classes, d'après ce qu'on a vu dans le chapitre précédent.

La première, qui a la préférence sur toutes les autres, est celle des créances portant priviléges généraux; quand elles n'ont pas pu être payées sur le prix des meubles, elles passent, avant tout, dans la distribution du prix des immeubles.

Parmi ces mêmes créances privilégiées généralement, on doit suivre l'ordre établi par le Code civil; en sorte que l'on commence à payer la totalité de la créance dont le privilége est le plus fort; on paie ensuite totalement la créance dont le privilége vient le second, et ainsi dans l'ordre où on les a placés, en les expliquant dans le chapitre précédent.

Le privilége le plus fort est celui des frais de justice. *Cod. civ.*, *art.* 2101.

Ainsi, quand il s'agit de la distribution du prix d'un immeuble, on colloque d'abord les frais nécessaires pour la radiation des inscriptions prises sur l'immeuble par les créanciers qui ne viennent pas en ordre utile. A l'égard de ceux qui sont utilement colloqués, on comprend, dans l'article de chacun, les frais de radiation de leurs inscriptions. En second lieu, on place les frais de poursuite, qui sont, 1° les frais extraordinaires qu'un jugement permet d'employer; 2° les frais de la poursuite d'ordre; 5° les frais de l'avoué commun, qui a représenté les créanciers dans les contestations relatives à l'état de collocation, lorsque cet état a été contesté.

On ne parle pas ici des frais ordinaires faits sur la poursuite de la vente judiciaire, parce

que, comme on l'a dit en son lieu, ils sont nécessairement supportés par l'adjudicataire, au-
delà de son prix : c'est une condition qui, si
elle est omise dans le cahier des charges, doit
y être supplée.

Après les frais de justice, sont colloquées
les créances privilégiées, qui frappent à-la-
fois sur les meubles et sur les immeubles ; on
ne les colloque néanmoins que quand il n'y
a pas de mobilier pour les payer. Ce sont, suivant l'article 2101 du Code civil, 1° les frais
funéraires, si l'ordre a lieu après le décès du
débiteur ;

2°. Les frais faits dans la dernière maladie du
débiteur, pour les remèdes, pour les visites
des médecins et chirurgiens, et pour le salaire
des gardes ;

3°. Les gages des domestiques, pour l'année
échue, et ce qui en est dû sur l'année courante ;

4°. Les alimens fournis au débiteur et à sa
famille, pendant les six derniers mois, si c'est
par des détaillans ; et, pendant la dernière année, si c'est par des marchands en gros, ou s'il
s'agit du prix de la pension du débiteur.

Viennent dans la seconde classe les créanciers dont les priviléges ne portent que sur
l'immeuble, et qui ont eu besoin de prendre

des inscriptions ; ils sont indiqués par l'*article* 2103 du Code civil, dans l'ordre suivant.

1°. Celui de qui le débiteur avoit acquis l'immeuble, a un privilége pour le prix ou la portion de prix qui reste dû à ce vendeur. S'il y avoit eu plusieurs ventes successives, dont le prix fût dû en totalité ou en partie, le premier vendeur seroit préféré au second, celui-ci au troisième, et ainsi de suite.

2°. Celui qui a fourni au débiteur les fonds avec lesquels il a acquis l'immeuble, peut les répéter avec privilége, pourvu que, par l'acte d'emprunt, il soit authentiquement constaté que la somme étoit destinée à cet emploi. Il faut aussi que, par la quittance du vendeur, il soit dit que les deniers empruntés ont servi à l'acquisition.

3°. Les cohéritiers du débiteur, quand l'immeuble lui est venu par succession, ont privilége pour la garantie des partages faits entre eux, et celle des soultes ou retour de partage. Cette garantie ayant lieu toutes les fois qu'il y a partage, le privilége existe entre les copartageans, même quand l'immeuble ne viendroit pas de succession.

4°. Les architectes, entrepreneurs, maçons, et autres ouvriers, employés pour édifier, reconstruire ou réparer un immeuble, ont privilége pour ce qui leur est dû à cette occasion. Mais, pour le constater, il faut d'abord qu'un expert nommé d'office par le tribunal de première instance, dans le ressort duquel les bâtimens sont situés, ait dressé préalablement un procès-verbal de l'état de l'immeuble avant les ouvrages qu'ils ont faits. En second lieu, il faut que, dans les six mois au plus, depuis leur perfection, ces mêmes ouvrages aient été reçus par un expert, également nommé d'office par le même tribunal. Le privilége, alors, se réduit à ce que les ouvrages reçus ont fait valoir l'immeuble, au delà de ce qu'il auroit été vendu, s'ils n'eussent pas été faits. D'un autre côté, quel que soit l'excédent de valeur qu'ait obtenu l'immeuble, le privilége ne peut jamais excéder le prix des ouvrages constatés par le second expert.

5°. Ceux qui ont prêté les deniers avec lesquels ont été payés les ouvriers dont le privilége a été établi, ont le même privilége qui appartenoit à ceux-ci. Pour obtenir d'être ainsi subrogé aux droits des ouvriers, le prêteur doit avoir un acte authentique de l'emprunt qui lui a été fait, et qu'il y ait désignation de l'emploi qu'on en vouloit faire; il faut ensuite que cet emploi soit justifié par les quittances des ouvriers.

Les créanciers colloqués en troisième classe sont les hypothécaires, c'est-à-dire, ceux qui se sont fait inscrire sur l'immeuble pour les sommes qui leur sont dues, et à l'acquittement desquelles cet immeuble est engagé, soit légalement, soit judiciairement, soit par convention. C'est par les dates de leurs inscriptions, qu'est réglé l'ordre dans lequel ils sont colloqués. *Code civil, art.* 2134.

Cependant, d'après l'*art.* 2135 du Code civil, l'hypothèque existe indépendamment de toute inscription,

1°. Au profit du mineur ou interdit, sur les immeubles de son tuteur, pour raison de la gestion de ce dernier, à compter du jour de l'acceptation de la tutèle ;

2°. Au profit de la femme, pour raison de sa dot, et des conventions matrimoniales, sur les immeubles de son mari, à compter du jour du mariage.

Pour les sommes dotales qui viennent de succession ou de donation pendant le mariage, l'hypothèque de la femme ne date que de l'ouverture de la succession, ou du jour que la donation a eu son effet.

Semblablement, pour l'indemnité des dettes que la femme a contractées avec son mari, l'hypothèque ne compte que du jour de l'obligation ; à l'égard du remploi des propres aliénés, elle ne compte que du jour de la vente.

Quoique la loi accorde les hypothèques contre le tuteur et le mari, indépendamment de toute inscription prise, néanmoins elle impose aux maris, aux tuteurs, et aux subrogés tuteurs, le devoir de faire inscrire les femmes, les mineurs ou interdits, afin que les droits de ces trois sortes de personnes ne puissent pas être méconnus. Néanmoins si, malgré les dispositions les plus précises du Code civil, les inscriptions n'étoient pas prises, le juge-commissaire, qui seroit averti, par des pièces produites, que l'immeuble dont il s'agit de distribuer le prix est grevé d'hypothèques légales, ne manqueroit pas de les colloquer d'après les dates déterminées par la loi, et qu'on vient d'expliquer.

Dans la quatrième et dernière classe sont les créanciers qui n'ont ni priviléges ni hypothèques ; ceux qui, par forme de saisie-arrêt ont fait connoître leurs droits sur le prix ; en un mot, les créanciers chirographaires. Il est évident qu'il ne leur revient que ce qui reste du prix, après que tous les privilégiés et tous les hypothécaires sont pleinement satisfaits. Ce reste, quand il y en a, est distribué proportionnellement entre eux, sans aucune préférence pour raison de l'ancienneté des créances; c'est-à-dire, par contribution, absolument comme s'il s'agissoit du prix d'objets mobiliers.

Il peut arriver que, parmi les privilégiés, il y ait des créanciers qui aient des titres de même force, et produisent un même genre de privilége. Par exemple, si le prix de l'immeuble a été payé avec des deniers empruntés de diverses personnes, celles-ci ont chacune un privilége égal. De même tous les ouvriers qui ont construit ou réparé l'immeuble, et ont fait constater leurs ouvrages en justice, comme on l'a dit plus haut, jouissent d'un privilége qui favorise autant les uns que les autres. Quel rang doit-on suivre à leur égard?

D'abord les priviléges pour lesquels il a fallu s'inscrire, quand ils sont de même nature, se paient selon l'ordre de la date des inscriptions. *Code civil, art.* 2106.

Mais si des priviléges d'égales forces ont une même date d'inscription, ou s'ils sont de ceux qui se conservent sans qu'il soit besoin de s'inscrire, ils sont payés par concurrence, quand il n'y a pas de deniers suffisans pour les payer tous entièrement. En conséquence, ce qui reste du prix de l'immeuble est partagé entre eux, par contribution, et au prorata de ce qui est dû à chacun. Par exemple, si les deniers restans ne sont que le tiers de ce qu'il faudroit pour payer tous ceux qui ont un privilége égal, chacun recevroit le tiers de ce qui lui est dû. *Cod. civ., art.* 2097.

A l'égard des hypothèques, le rang dans lequel elles sont payées n'est réglé que par la date de l'inscription prise pour chacune. *Cod. civ., art.* 2134.

Il faut excepter les hypothèques qui sont conservées en vertu de la loi, indépendamment de toute inscription; elles sont colloquées, comme les autres, à leur date; cette date n'est plus celle de l'inscription, mais celle que la loi détermine; c'est ce que l'on a expliqué plus haut.

Quand il se trouve des hypothèques de même date, on les paie par concurrence, s'il ne reste plus assez de deniers pour les payer toutes en totalité.

SECTION III.

Des Procédures qui suivent l'état de collocation.

On divisera cette section en deux chapitres, où on verra:

1°. Ce qui concerne les contestations élevées sur l'état de collocation;

2°. Comment il s'exécute.

CHAPITRE PREMIER.

Des Contestations élevées sur l'état de collocation.

Trois paragraphes vont expliquer l'objet de ce chapitre. Le premier dira quelles parties doivent comparoître sur les contestations des créances colloquées. Dans le second sera expliquée la forme de procéder sur ces contestations. On fera connoître dans un troisième comment s'achève l'ordre après qu'elles ont été jugées.

§. 1er.

Quelles parties doivent comparoître sur la contestation d'une créance colloquée.

D'après l'examen que font les parties, en prenant communication de l'état de collocation, ou bien elles l'approuvent, ou elles croient devoir en critiquer les articles qui leur paroissent erronés.

Dans le premier cas, elles laissent écouler le délai accordé pour contredire, sans faire aucun dire ni aucune signification ; leur silence est la seule marque d'adhésion que la loi leur permette.

Mais, quand on veut contester, on se présente au commissaire qui consigne les observations sur le procès-verbal, et termine par renvoyer à l'audience, pour y être statué sur les contestations. *Cod. civ.*, *art.* 758.

Il faut remarquer que, quand une créance portée sur l'état de collocation est critiquée, la contestation ne peut pas concerner celles qui sont colloquées à un rang supérieur. En conséquence, après avoir ordonné le renvoi des contestations à l'audience, le juge-commissaire arrête l'ordre, pour ce qui concerne les créanciers dont les collocations ne peuvent être changées par les suites des difficultés élevées. *Ibid.*

Il taxe donc les frais de radiation de leurs inscriptions, et les frais de poursuite; il ordonne pareillement que les bordereaux de collocation leur soient délivrés.

Comme, par ce moyen, l'ordre n'est pas clos entièrement, il pourroit se présenter des productions tardives, mais elles n'apporteroient aucun changement dans le sort des créanciers pour qui l'état de collocation se trouveroit clos. La loi dit qu'ils ne sont tenus à aucun rapport à l'égard des créanciers tardifs, quand même les inscriptions de ces derniers seroient de dates plus anciennes. *Ibid.*

Pour achever l'ordre, on attend que la contestation renvoyée à l'audience par le commissaire ait été jugée; elle est élevée par celui qui a contredit au procès-verbal ; alors, le défendeur est le créancier dont les titres sont contestés.

MODÈLE de contredits sur l'état de collocation.

« Le deux février mil huit cent six, devant nous, commissaire nommé comme il est dit ci-dessus, a comparu M^e Kr ..., avoué du sieur G... Après avoir pris communication de l'état de collocation ci-dessus dressé par nous, le quinze du mois dernier, il a observé que la créance du sieur X...., tuteur des mineurs Z..., ne peut pas être portée à la somme de sept mille trois cent cinquante francs, parce que le père des mineurs a reçu, avant son décès, une somme de trois mille livres, ainsi que le prouve la quittance qu'il en a donnée par acte notarié du onze avril mil huit cent quatre. L'inscription n'auroit donc pas dû être prise pour la totalité de la créance. C'est pourquoi le comparant requiert que la collocation des mineurs Z.... soit réduite à la somme de quatre mille trois cent cinquante francs ; et, pour justifier de sa demande, il nous a remis la quittance mentionnée ci-dessus.

» Ledit M^e Kr... a signé en cet endroit.

» *Signé* Kr..., avoué.

» Nous avons donné acte à Me Kr... de sa comparution, de ses dires et réquisition, et l'avons renvoyé à l'audience, pour faire droit à sa demande.

» En foi de quoi nous avons signé avec notre greffier le présent procès-verbal.

» *Signé* B..., juge-commissaire; C..., greffier.

» Le quatre février mil huit cent six, devant nous, juge-commissaire nommé comme il est dit ci - dessus, a comparu Me Ch...., avoué du sieur X..., tuteur des mineurs Z... Après avoir pris communication de l'état de collocation par nous dressé, et qui est ci-dessus, à la date du quinze janvier dernier, ainsi que de la demande en réduction de sa créance, formée par le sieur G..., sur notre procès-verbal, à la date du deux de ce mois, il a dit que le paiement des trois mille francs énoncés en la quittance dont argumente le sieur G..., a été effectué en un billet à ordre, payable au trente novembre mil huit cent quatre, et que ce billet du sieur G.... n'a point été acquitté. Pour le prouver, ledit Me Ch... nous a remis ledit billet à ordre, avec le protêt dudit jour, trente novembre mil huit cent quatre. Il a demandé, en conséquence, que la collocation des mineurs Z... fût maintenue telle qu'elle est portée en l'état par nous dressé.

» Ledit Mᶜ. Ch... a signé en cet endroit.

» *Signé* Ch..., avoué.

» Nous avons donné acte à Mᵉ Ch... de sa comparution et de sa réponse au contredit du sieur G...

» Pour faire droit aux parties, nous les avons renvoyées à l'audience.

» En foi de quoi, nous avons signé le présent procès-verbal avec notre greffier.

» *Signé* B..., juge-commissaire; C..., greffier.»

Lorsque l'objet de la difficulté ne concerne que ces deux parties, les autres créanciers ne prennent aucune part à la cause. Par exemple : si deux créanciers, dont les titres sont réguliers, ne se disputent que la priorité, les créanciers postérieurs pourroient bien ne pas se mêler du débat. Mais, s'il s'agit de faire rejeter totalement la créance contestée, ou la faire colloquer la dernière, les créanciers postérieurs ont évidemment intérêt dans la contestation.

Pour éviter des frais inutiles, quand les créanciers postérieurs veulent être partie dans la cause, ils doivent se faire représenter par un seul avoué. Si, dans la huitaine qui suit le délai accordé pour contredire, ils ne sont pas d'accord sur le choix, la loi nomme, pour les défendre tous ensemble, l'avoué du dernier créancier colloqué. *Cod. jud., art.* 760.

Le poursuivant l'ordre ne doit-il pas figurer aussi dans cette contestation renvoyée à l'audience ? Non : nous venons d'expliquer quelles sont les seules parties qui doivent paroître ; le poursuivant ne peut pas y être appelé. En effet, s'il est du nombre des créanciers antérieurs, il est sans intérêt ; s'il est du nombre des créanciers postérieurs, il est représenté comme les autres par le même avoué. Quand c'est sa créance qui est contestée, ou quand il est le seul contestant, il est sans doute partie essentielle à la cause ; mais alors ce n'est pas en sa qualité de poursuivant. *Ibid.*

Lorsque les créanciers postérieurs consentent à contester une collocation, les frais faits par l'avoué qui les représente sont employés en frais de poursuite. Mais, si un seul créancier s'avisoit de soutenir une contestation ; ou si, non content de l'avoué commun, il vouloit en avoir un pour lui personnellement, les frais, que cette conduite auroit occasionnés, seroient à sa charge, sans pouvoir, en aucun cas, les répéter, ni les employer en frais de poursuite. Quand il y a lieu d'employer les frais de poursuite, le jugement le prononce. *Ibid.*

§. I I.

Comment s'instruisent et se jugent les Contestations relatives à l'état de collocation.

En exécution du renvoi prononcé par le juge-commissaire, la partie la plus diligente, c'est-à-dire, l'avoué du créancier contestant, ou celui du créancier contesté, ou l'avoué représentant tous les créanciers postérieurs, provoque l'audience par un simple acte, sans autre procédure. *Cod. jud.*, *art.* 761.

Le jugement est rendu sur le rapport du juge-commissaire, et après avoir entendu les conclusions du ministère public. Ce jugement doit aussi toujours contenir la liquidation des frais occasionnés par la contestation, frais dont l'emploi, dans ceux de poursuite, peut être autorisé; on excepte le cas où un créancier conteste individuellement, car il supporte seul les frais qu'il occasionne. *Cod. jud.*, *art.* 762.

Pour interjeter appel de ce jugement, il n'est accordé que dix jours, à compter de la signification à avoué, avec une augmentation d'un jour par trois myriamètres, pour la distance du domicile réel de la partie qui veut appeler. *Cod. jud.*, *art.* 763.

Au reste, l'acte d'intimation se fait dans la forme ordinaire, par exploit signifié à personne ou domicile, contenant assignation dans les délais de la loi, et indiquant les griefs. *Code jud., art.* 763.

Quand la masse des créanciers postérieurs a été partie dans la contestation, l'appel interjeté par le créancier contesté doit-il être signifié au domicile de chacun de ceux qui composent cette masse ? Nous pensons que l'exploit, contenant l'appel, doit être signifié uniquement au domicile de l'avoué commun, qui chargera un avoué de la Cour d'appel de se constituer.

Si, en première instance, il n'y avoit eu, pour contestant, qu'un seul créancier, l'appel se poursuivroit entre lui et le contesté seulement ; néanmoins, l'une ou l'autre des parties pourroit intimer l'avoué du dernier créancier colloqué, pour défendre les intérêts communs des créanciers postérieurs, dans le cas où les circonstances le demanderoient : alors, cet avoué de première instance chargeroit un avoué de la Cour d'appel de se constituer sur l'intimation. *Cod. jud., art.* 764.

L'instruction sur l'appel est aussi simple qu'en première instance. Il ne peut y être signifié que des conclusions motivées, de la part des intimés, en réponse à l'acte d'appel. Après cette signification qui se fait dans les délais de la loi, un simple acte d'avoué provoque l'audience; sur les plaidoiries respectives, la Cour prononce après avoir entendu le ministère public. *Cod. jud., art.* 765.

L'arrêt doit aussi contenir la liquidation des frais; la loi veut même que les parties qui succombent, en cause d'appel, soient condamnées aux dépens, sans pouvoir les répéter. *Cod. jud., art.* 766.

§. III.

De l'Exécution des Jugemens concernant l'ordre.

On se rappelle que, pour les créances antérieures à celles qui sont contestées, l'ordre a été clos, et que les bordereaux ont été délivrés; tout est donc terminé à leur égard. Il ne reste plus à régler que les créances contestées et celles qui leur sont postérieures.

Dans la quinzaine qui suit la prononciation du jugement, et s'il y a eu appel, dans la quinzaine qui suit la signification de l'arrêt, le commissaire fait la clôture de l'état de collocation, pour les créances qui étoient demeurées en suspens; et, dans son opération, il se conforme à ce qui a été jugé. *Cod. jud., art.* 767.

Le juge – commissaire procède, dans cette partie de son procès-verbal, comme dans le cas où il arrête l'état de collocation quand il n'y a pas de contestation. *Cod. jud., art. 767.*

A l'expiration de la même quinzaine, les intérêts des capitaux, et les arrérages des rentes dus aux créanciers utilement colloqués, cessent de courir; c'est donc seulement jusqu'à ce terme que les intérêts et arrérages sont employés dans l'état de collocation, arrêté par le juge-commissaire. *Ibid.*

Les frais de l'avoué, représentant les créanciers réunis pour contester, sont colloqués, par préférence à toute autre créance, sur les deniers qui restent à distribuer. On ne parle ici que d'un reste de prix; car, dans cette seconde opération, le juge-commissaire ne s'occupe plus des sommes qui ont servi à payer les créanciers antérieurs, et dont l'ordre a été clos pendant les contestations. *Cod. jud., art. 768.*

Celui qui succombe sur l'appel doit supporter les dépens, comme on l'a dit plus haut : mais souvent il arrive que l'arrêt permet de les employer; c'est-à-dire, de les prélever sur les deniers à distribuer, sauf à les faire payer ensuite par la partie qui a été condamnée.

De là il résulte que si le prix de l'immeuble ne suffit pas pour acquitter les frais et les dettes, le créancier sur qui les fonds manquent auroit au moins touché ce qui a été prélevé pour les frais de la contestation, si elle n'avoit pas eu lieu. C'est donc à lui qu'appartient le droit de poursuivre la partie qui a succombé, pour se faire payer du montant des frais. A cet effet, pour lui procurer un titre exécutoire, l'arrêt qui ordonne l'emploi des frais, prononce en même temps une subrogation au profit de ce créancier. *Cod. jud., art.* 769.

Lorsque le prix à distribuer excède ce qui est nécessaire pour les frais employés, et pour solder l'état de collocation, ce qui reste appartient à la partie saisie ; c'est donc à elle à poursuivre le paiement des frais des contestations ; puisque, si elles n'eussent pas existé, le reste du prix de son immeuble en seroit plus considérable. C'est pourquoi, en pareil cas, la subrogation est prononcée à son profit par l'arrêt. *Ibid.*

Au reste, l'exécutoire, délivré par suite de cette subrogation, doit énoncer qu'elle a été prononcée par l'arrêt, et indiquer la partie à qui appartient la faculté d'en profiter. *Code jud., art.* 769.

Pareillement, le créancier sur qui les fonds manquent, ou bien la partie saisie, quand l'état de collocation est acquitté, doit exercer, contre ceux qui ont succombé dans les contestations, un recours pour les intérêts et arrérages qui ont couru pendant le temps de ces mêmes contes-

tations. En effet, si elles n'avoient pas été sus-
citées, les créanciers colloqués utilement n'auroient pas eu à réclamer des intérêts et arrérages pour le temps qu'elles ont duré; et le
créancier qui ne vient pas en ordre utile, ou
au moins la partie saisie, en auroit profité.
Cod. jud., art. 770.

Le créancier sur lequel les fonds viennent à
manquer, ou la partie saisie, est, par la même
raison, fondé à réclamer les intérêts et arrérages
dont sont garans, comme on l'a dit plus haut,
les créanciers qui, ayant produit leurs pièces
après le délai fixé, ont occasionné du retard à
la clôture de l'ordre.

CHAPITRE II.

Comment s'exécute l'État de collocation.

Nous avons vu comment se fait la clôture de
l'état de collocation, d'abord, quand il n'est
pas contesté, et ensuite quand il y a eu contestation. Maintenant, expliquons comment cet
état de la distribution du prix de l'immeuble
est exécuté, lorsqu'il est définitivement arrêté.

Dans les dix jours qui suivent la clôture de
l'ordre, le greffier délivre à chaque créancier
utilement colloqué le bordereau de ce qui lui
revient d'après l'ordonnance rendue par le juge-
commissaire en l'état de collocation. Ce bor-

dereau est exécutoire contre l'adjudicataire, et, en cas de vente à l'amiable, contre l'acquéreur. *Cod. jud.*, *art.* 771.

En recevant le montant du bordereau, le créancier qui en est porteur donne sa quittance; il doit y exprimer son consentement à la radiation de son inscription hypothécaire. *Cod. jud.*, *art.* 772.

A chaque paiement, le conservateur des hypothèques, sur la représentation qui lui est faite du bordereau et de la quittance du créancier, décharge l'inscription d'office, jusqu'à concurrence de la somme acquittée. *Cod. judic.*, *art.* 773.

Pour comprendre cette disposition, supposons que l'adjudicataire, ou l'acquéreur d'un immeuble, ait fait transcrire à la conservation des hypothèques son titre d'acquisition; cette formalité sert elle-même d'inscription pour la sûreté du prix de l'adjudication ou de la vente; voilà pourquoi, en vertu de la sûreté légale qui résulte de cette transcription, le conservateur est tenu de faire une inscription au profit de ceux à qui le prix de la vente ou de l'adjudication appartient, et sans qu'il soit nécessaire de le requérir : cette inscription, en conséquence, se nomme *inscription d'office*.

Le nouveau propriétaire doit donc s'occuper

de dégager l'immeuble de l'inscription d'office, s'il veut être affranchi de toute hypothèque antérieure à son acquisition. A cet effet, il emploie le prix de l'adjudication ou de la vente à acquitter les créanciers inscrits; à chaque paiement, l'inscription d'office diminue en proportion de la somme acquittée. S'il y a du reste, il est remis au vendeur. Dès que la totalité du prix est ainsi employée, l'inscription d'office est entièrement déchargée.

On conçoit maintenant pourquoi, lors du paiement de chaque bordereau, l'inscription du créancier qui en est porteur, est rayée, et pourquoi l'inscription d'office est déchargée de la portion acquittée. Quand vient le dernier bordereau, l'immeuble est débarrassé entièrement de l'inscription d'office, et les inscriptions de tous les créanciers colloqués utilement se trouvent rayées.

A l'égard des inscriptions des créanciers dont les collocations ne sont pas utiles, elles doivent être également rayées; elles ne peuvent plus affecter l'immeuble, dès que l'inscription d'office n'existe plus, dès que le prix total est soldé.

Au reste, que l'inscription d'office soit déchargée, ou non, partiellement à la représentation de chaque bordereau, le conservateur des hypothèques doit rayer définitivement l'inscription d'office, quand l'acquéreur ou l'adjudicataire justifie avoir payé la totalité du prix, soit aux créanciers colloqués utilement, soit à la partie saisie ou au vendeur, et s'il représente l'ordonnance par laquelle le juge-commissaire a prononcé la radiation des inscriptions non colloquées utilement. *Cod. jud.*, *art.* 774.

Pour satisfaire aux frais de radiation, que l'acquéreur ou l'adjudicataire est tenu de payer, on a vu qu'il est autorisé à distraire sur chaque bordereau ce qui y a été taxé pour ces sortes de frais, dans la collocation de chaque créancier venant en ordre utile.

Quant à la radiation des inscriptions non colloquées utilement, le juge-commissaire passe en taxe, dans l'article des frais, comme on l'a dit plus haut, la somme nécessaire pour cette dépense, et l'acquéreur est autorisé à la retenir.

Lorsqu'il s'agit d'une vente d'immeubles à l'amiable, après avoir fait transcrire son titre, ce qui opère l'inscription d'office, l'acquéreur, qui veut payer les hypothèques, est tenu de lever l'extrait de toutes les inscriptions particulières, et de dénoncer son acquisition à tous les créanciers inscrits. Or, pour le coût de l'extrait et des exploits de dénonciation, l'acquéreur a un premier privilége sur son prix. En conséquence, si la distribution de ce prix donne lieu à un ordre, l'acquéreur y est employé, par préférence à toute autre créance, pour les dépenses dont on vient de parler. *Cod. jud., art. 777.*

Il sera également privilégié, d'après ce qu'on a dit, pour les frais de la radiation des inscriptions non colloquées utilement. Il garde en ses mains les sommes qui lui sont passées pour cet objet dans la classe des frais de justice ; l'état de collocation lui sert de titre pour faire cette retenue.

MODÈLE d'un bordereau de collocation.

« Sur la somme de quinze mille francs que doit le sieur Charles O..., marchand de grains, demeurant à Paris, rue Saint-Germain-l'Auxerrois, n° 17, comme adjudicataire d'une maison sise à Paris, rue Saint-Antoine, en vertu d'un jugement rendu à l'audience des criées le vingt octobre dernier, sur la poursuite du sieur H..., négociant à Nantes, contre le sieur G..., marchand teinturier à Paris,

» Il paiera au sieur X..., serrurier à Paris, en sa qualité de tuteur des enfans mineurs de défunt Michel Z..., la somme de sept mille trois cent cinquante francs ; savoir : sept mille francs pour le remboursement d'une rente de trois cent cinquante francs, constituée par ledit sieur G...., au profit du père desdits mineurs, suivant un acte passé devant M^e Bl.... et son confrère, notaires à Paris, le trente janvier mil huit cent, et pour une année d'arrérages de ladite rente, trois cent cinquante fr.

» Ledit sieur X...., audit nom, a été colloqué pour lesdites sommes, sur l'état de collocation clos et arrêté définitivement, le quinze janvier dernier, par M. B..., juge-commissaire nommé à cet effet. Il est ordonné qu'en recevant le montant du présent bordereau, le sieur X..... consentira, dans sa quittance, la radiation de son inscription, et souffrira, au profit dudit sieur O..., adjudicataire, la déduction de la somme de .... à laquelle ont été taxés par ledit commissaire les frais de cette même radiation.

» En effectuant le paiement du présent bordereau, ledit sieur O... en sera valablement déchargé ; sur son refus de payer, il y sera contraint par toutes les voies d'exécution.

» Fait au greffe du tribunal civil de Paris, ce trois avril mil huit cent six.

» Signé C..., greffier. »

F I N.

TABLE

DES

SECTIONS, CHAPITRES
ET PARAGRAPHES.

————

PREMIÈRE PARTIE.

SECTION II.

SECTION III.

DEUXIÈME PARTIE.

SECTION PREMIÈRE.

TROISIÈME PARTIE.

SECTION PREMIÈRE.

SECTION II.

FIN DE LA TABLE DES SECT., CHAP. ET PAR.

TABLE

DES MATIÈRES.

A.

N.

O.

T.

U.

V.

FIN DE LA TABLE DES MATIÈRES.